JN117906

2024年版
「ハングル」能力検定試験
公式過去問題集 4級

2023年 第59・60回

まえがき

「ハングル」能力検定試験は日本で初めての韓国・朝鮮語の検定試験として、1993年の第1回実施から今日まで60回実施され、累計出願者数は52万人を超えました。これもひとえに皆さまの暖かいご支持ご協力の賜物と深く感謝しております。

ハングル能力検定協会は、日本で「ハングル」*を普及し、日本語母語話者の「ハングル」学習到達度に公平・公正な社会的評価を与え、南北のハングル表記の統一に貢献するという3つの理念で検定試験を実施して参りました。

「アフターコロナ」となった2023年ですが、春季第59回は61ヶ所、秋季第60回は70ヶ所の会場で無事実施され、総出願者数は21,856名となりました。また、2023年1月と7月に新たに入門級(IBT)オンライン試験が開始されました。このように多くの方々に試験を受けていただいたことは、わたくしたちにとって大変大きな励みとなり、また同時に大きな責任と使命を再確認し、身の引き締まる思いです。

協会設立当初の1990年代と比べると、「ハングル」学習を取り巻く環境は隔世の感があります。しかしいつの時代も、隣人同士がお互いを知り、良い点は学びあい、困ったときは助け合う姿勢は、人として大切なものです。お互いをよく理解するためには、お互いの言葉でコミュニケーションをとり、文化とその背景を知ることが必要不可欠です。

本書は「2024年版ハン検*過去問題集」として、2023年春季第59回(6月)、秋季第60回(11月)試験問題を各級ごとにまとめたものです。それぞれに問題(聞きとり音声は公式ホームページの「リスニングサイト」で聴けてダウンロードも可)と解答、日本語訳と詳しい「学習ポイント」をつけました。

これからも日本語母語話者の学習到達度を測る唯一の試験である「ハン検」を、入門・初級の方から地域及び全国通訳案内士などの資格取得を目指す上級の方まで、より豊かな人生へのパスポートとして、幅広くご活用ください。

最後に、本検定試験実施のためにご協力くださった、すべての方々に心から感謝の意を表します。

2024年3月吉日

特定非営利活動法人
ハングル能力検定協会

*) 当協会は「韓国・朝鮮語」を統括する意味で「ハングル」を用いておりますが、協会名は固有名詞のため、「」は用いず、ハングル能力検定協会とします。

*) 「ハン検」は「ハングル」能力検定試験の略称です。

目　次

本書について

本書は2023年に実施された春季第59回(6月)と秋季第60回(11月)「ハングル」能力検定試験の問題とその解答・解説を、実施回ごとに分けて収めました。聞きとり問題の音声は協会公式ホームページの「リスニングサイト(聞きとり問題音声再生ページ)」で聴くか、「リスニングサイト」から音声ファイルをダウンロードして聴くことができます(次ページ参照)。

■「問題」

・試験会場で配布される試験問題冊子に準じていますが、聞きとり試験の際メモを取る空欄は、書籍サイズやデザインの関係上、若干調整されています。
・聞きとり問題の音声トラック番号は、🔊04▶のように示し、２回繰り返すものについては割愛しています。

■「解答と解説」

・４つの選択肢の中で、正答は白抜き数字❶❷❸❹となります。
・大問(1、2など)の最初に、この問題の出題意図と出題形式を示しています。
・詳しい解説は問題ごとに「学習ポイント(学習Pで表示)で示しています。
・中級レベルをクリアした学習者の「聴解力」を問う１、２級聞きとり問題と、１、２級筆記の翻訳問題には「学習ポイント」は付きません。
・すべての問題文と選択肢に日本語訳を付けています。

■ マークシート見本

・巻末にマークシート形式の解答用紙見本(70%縮小)を付けました。本番の試験に備えて、記入欄を間違えないよう解答番号を確認してください。

■ 記号などの表示について

［　］→ 発音の表記であることを示します。
〈　〉→ 漢字語の漢字表記(日本漢字に依る)であることを示します。
(　) → 該当部分が省略可能であるか、前後に(　)内のような単語などが続くことを示します。
【　】→ 直訳など、何らかの補足説明が必要であると判断された箇所であることを示します。
「　」→ 学習ポイント中の日本語訳であることを示します。
★ → 大韓民国と朝鮮民主主義人民共和国とでの、正書法における表記の違いを示します(南★北)。

リスニングサイト(聞きとり問題の音声聞きとり・ダウンロード)について

■第59回・第60回試験の聞きとり問題の音声ファイルを、以下のサイトで聴くことができます。また無料でダウンロードできます(MP3形式データ)。
なおダウンロードした音声ファイルはZIP形式で圧縮されています。

①以下のURLをブラウザに入力し「リスニングサイト」を開いてください。

▶ https://hangul.or.jp/listening

※QRコードリーダーで
読み取る場合→

②「リスニングサイト」に以下のログインIDとパスワードを入力してください。

▶ログインID:hangul　▶パスワード:kakomon

■本文聞きとり問題の 00 マーク箇所をトラックごとに聞くことができます。

■パソコンやタブレットにダウンロードした音声ファイルを再生するには、MP3ファイルが再生できる機器やソフトなどが別途必要です。ご使用される機器や音声再生ソフトに関する技術的な問題は、各メーカー様宛にお問い合わせください。

■スマートフォンで音声ダウンロード・再生を行う場合は、ZIPファイルを解凍するアプリが別途必要です。ご使用される端末やアプリに関する技術的な問題は、各メーカー様宛にお問い合わせください。

■本書と音声は、「著作権法」保護対象となっています。

※音声聞きとり・ダウンロードに関する「Q&A」を協会公式ホームページに掲載しました。ご参照ください。 ▶ https://hangul.or.jp/faq/

その他ご質問については、協会事務局宛にメールにてご相談ください。

▶ inquiry@hangul.or.jp

■「、」と「;」の使い分けについて

1つの単語の意味が多岐にわたる場合、関連の深い意味同士を「、」で区切り、それとは異なる別の意味でとらえた方が分かりやすいもの、同音異義語は「;」で区切って示しました。

■/ならびに{ / }について

/は言い換え可能であることを示します。用言語尾の意味を考える上で、動詞や形容詞など品詞ごとに日本語訳が変わる場合は、例えば「~{する/である}が」のように示しています。これは「~するが」、「~であるが」という意味になります。

◎4級（初級後半）のレベルの目安と合格ライン

■レベルの目安

60分授業を80回受講した程度。基礎的な韓国・朝鮮語を理解し、それらを用いて表現できる。

・比較的使用頻度の高い約1,070語の単語や文型からなる文を理解することができる。

・決まり文句を用いて様々な場面であいさつ・あいづちや質問ができ、事実を伝え合うことができる。また、レストランでの注文や簡単な買い物をする際の依頼や簡単な誘いなどを行うことができる。

・簡単な日記や手紙、メールなどの短い文を読み、何について述べられたものなのかをつかむことができる。

・自分で辞書を引き、頻繁に用いられる単語の組み合わせ（連語）についても一定の知識を持ちあわせている。

■合格ライン

●100点満点（聞取40点 筆記60点）中、60点以上合格。

※5、4級は合格点（60点）に達していても、聞きとり試験を受けていないと不合格になります。

4級

全15ページ
聞きとり　20問/30分
筆　　記　40問/60分

2023年 春季 第59回
「ハングル」能力検定試験

【試験前の注意事項】
1）監督の指示があるまで、問題冊子を開いてはいけません。
2）聞きとり試験中に筆記試験の問題部分を見ることは不正行為となるので、充分ご注意ください。
3）この問題冊子は試験終了後に持ち帰ってください。
マークシートを教室外に持ち出した場合、試験は無効となります。
※CD 3などの番号はＣＤのトラックナンバーです。

【マークシート記入時の注意事項】
1）マークシートへの記入は「記入例」を参照し、ＨＢ以上の黒鉛筆またはシャープペンシルではっきりとマークしてください。ボールペンやサインペンは使用できません。
訂正する場合、消しゴムで丁寧に消してください。
2）氏名、受験地、受験地コード、受験番号、生まれ月日は、もれのないよう正しく記入し、マークしてください。
3）マークシートにメモをしてはいけません。メモをする場合は、この問題冊子にしてください。
4）マークシートを汚したり、折り曲げたりしないでください。

※試験の解答速報は、6月4日の全級試験終了後(17時頃)、協会公式ＨＰにて公開します。
※試験結果や採点について、お電話でのお問い合わせにはお答えできません。

◆次回 2023年 秋季 第60回検定：11月12日（日）実施◆

한글
ハングル能力検定協会
한글능력검정협회

問　題

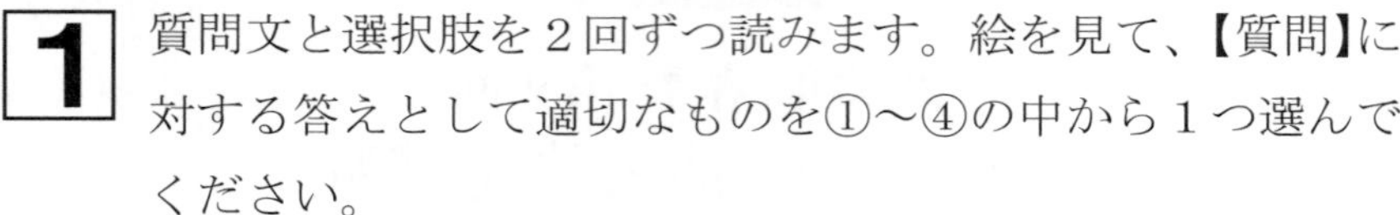

聞きとり問題

聞きとり試験中に筆記問題を解かないでください。

04

1 質問文と選択肢を２回ずつ読みます。絵を見て、【質問】に対する答えとして適切なものを①～④の中から１つ選んでください。

（マークシートの１番～３番を使いなさい）　〈2点×3問〉

05

１）【質問】 -- マークシート 1

①---------------------------

②---------------------------

③---------------------------

④---------------------------

問　題

06

2）【質問】 ＿＿＿＿＿＿＿＿＿＿＿＿＿＿＿＿ マークシート 2

①＿＿＿＿＿＿＿＿＿＿
②＿＿＿＿＿＿＿＿＿＿
③＿＿＿＿＿＿＿＿＿＿
④＿＿＿＿＿＿＿＿＿＿

07

3）【質問】 ＿＿＿＿＿＿＿＿＿＿＿＿＿＿＿＿ マークシート 3

①＿＿＿＿＿＿＿＿＿＿
②＿＿＿＿＿＿＿＿＿＿
③＿＿＿＿＿＿＿＿＿＿
④＿＿＿＿＿＿＿＿＿＿

問　題

08

2 短い文と選択肢を２回ずつ読みます。文の内容に合うものを①～④の中から１つ選んでください。

（マークシートの４番～７番を使いなさい）〈２点×４問〉

09

１）＿＿＿＿＿＿＿＿＿＿＿＿＿＿＿＿＿＿＿＿　マークシート **4**

①＿＿＿＿　②＿＿＿＿　③＿＿＿＿　④＿＿＿＿

10

２）＿＿＿＿＿＿＿＿＿＿＿＿＿＿＿＿＿＿＿＿　マークシート **5**

①＿＿＿＿　②＿＿＿＿　③＿＿＿＿　④＿＿＿＿

11

３）＿＿＿＿＿＿＿＿＿＿＿＿＿＿＿＿＿＿＿＿　マークシート **6**

①＿＿＿＿　②＿＿＿＿　③＿＿＿＿　④＿＿＿＿

問題

12

4） ________________ マークシート 7

①______ ②______ ③______ ④______

13

3 問いかけなどの文を2回読みます。その応答文として適切なものを①～④の中から1つ選んでください。
(マークシートの8番～12番を使いなさい) 〈2点×5問〉

14

1） ________________ マークシート 8

① 오래 기다렸어요.
② 많이 나았어요.
③ 날씨가 아주 좋아요.
④ 거기는 가고 싶지 않아요.

問　題

◀)) 15

2）－－－－－－－－－－－－－－－－－－－－－－－－－－－－－－－－ マークシート 9

① 네. 제 부탁을 들어 줘서 고마워요.
② 제가 좀 도와 드릴까요?
③ 그럼요. 천천히 하셔도 돼요.
④ 죄송합니다. 아직 시작도 못 했어요.

◀)) 16

3）－－－－－－－－－－－－－－－－－－－－－－－－－－－－－－－－ マークシート 10

① 네. 조금 전에 수업이 끝났어요.
② 지난주 목요일에 찾아왔어요.
③ 모레 12시 비행기예요.
④ 어제 언니 집을 떠났어요.

問 題

🔊 17

4）＿＿＿＿＿＿＿＿＿＿＿＿＿＿＿＿＿＿＿＿ マークシート 11

① 잘 먹겠습니다.

② 벌써 밥이 다 됐어요.

③ 좀 비싸요.

④ 이 정도는 괜찮아요.

🔊 18

5）＿＿＿＿＿＿＿＿＿＿＿＿＿＿＿＿＿＿＿＿ マークシート 12

① 지난 여름에 시작했어요.

② 네. 재미있게 다녀왔어요.

③ 아뇨. 그냥 집에 있으려고요.

④ 좋아요. 여름에 같이 가요.

問　題

19

4 文章もしくは対話文を２回読みます。その内容と一致するものを①～④の中から１つ選んでください。
(マークシートの13番～17番を使いなさい) 〈２点×５問〉

20

１）--
-- マークシート 13

① 海に行くと気持ちが安らぎます。
② 私は一人で山に行くのが好きです。
③ 海を見ながら様々なことを考えます。
④ 海に行く時間がありません。

21

２）--
-- マークシート 14

① 今日は学校に早く行きました。
② 今日、学校に遅れました。
③ 昨日の朝、寝坊しました。
④ 明日は遅くまで学校にいます。

問　題

22

3）＿＿＿＿＿＿＿＿＿＿＿＿＿＿＿＿＿＿＿＿＿＿＿＿＿＿＿＿＿

＿＿＿＿＿＿＿＿＿＿＿＿＿＿＿＿＿＿＿＿＿＿＿＿＿＿＿＿＿ マークシート 15

① 劇場にはほとんど行きません。
② 劇場は広くありません。
③ 劇場の椅子は座り心地が良いです。
④ 私の家から劇場は遠いです。

23

4）女：＿＿＿＿＿＿＿＿＿＿＿＿＿＿＿＿＿＿＿＿＿＿＿＿＿＿

男：＿＿＿＿＿＿＿＿＿＿＿＿＿＿＿＿＿＿＿＿＿＿＿＿＿＿

女：＿＿＿＿＿＿＿＿＿＿＿＿＿＿＿＿＿＿＿＿＿＿＿＿＿＿ マークシート 16

① 女性は夏服を探しています。
② 女性は青いスカートが気に入りました。
③ 女性は服の試着を希望しています。
④ 女性は気に入った服が見つかりません。

問　題

24

5）女：＿＿＿＿＿＿＿＿＿＿＿＿＿＿＿＿＿＿＿＿

男：＿＿＿＿＿＿＿＿＿＿＿＿＿＿＿＿＿＿＿＿

女：＿＿＿＿＿＿＿＿＿＿＿＿＿＿＿＿＿＿＿＿

男：＿＿＿＿＿＿＿＿＿＿＿＿＿＿＿＿＿＿＿＿

女：＿＿＿＿＿＿＿＿＿＿＿＿＿＿＿＿＿＿＿＿

男：＿＿＿＿＿＿＿＿＿＿＿＿＿＿＿＿＿＿＿＿　マークシート 17

① 女性は牛肉を買いました。

② 牛肉を半額で売っています。

③ この店の肉は全て高いです。

④ 女性は豚肉を買いました。

問　題

25

5 対話文を２回読みます。引き続き選択肢も２回ずつ読みます。【質問】に対する答えとして適切なものを①～④の中から１つ選んでください。

（マークシートの18番～20番を使いなさい）〈2点×3問〉

26

１）男：____________________________

女：____________________________

男：____________________________

女：____________________________

男：____________________________

【質問】　男性はこの後、何をするでしょうか。　マークシート18

①________________　②________________

③________________　④________________

問　題

28

2）女：____________________________________

男：____________________________________

女：____________________________________

男：____________________________________

女：____________________________________

【質問】 対話の内容と一致するものはどれですか。 マークシート19

①____________________ ②____________________

③____________________ ④____________________

問　題

30

3）男：＿＿＿＿＿＿＿＿＿＿＿＿＿＿＿＿＿＿＿＿＿

女：＿＿＿＿＿＿＿＿＿＿＿＿＿＿＿＿＿＿＿＿＿

男：＿＿＿＿＿＿＿＿＿＿＿＿＿＿＿＿＿＿＿＿＿

女：＿＿＿＿＿＿＿＿＿＿＿＿＿＿＿＿＿＿＿＿＿

男：＿＿＿＿＿＿＿＿＿＿＿＿＿＿＿＿＿＿＿＿＿

女：＿＿＿＿＿＿＿＿＿＿＿＿＿＿＿＿＿＿＿＿＿

【質問】　対話の内容と一致するものはどれですか。　マークシート20

①＿＿＿＿＿＿＿＿＿＿＿＿　②＿＿＿＿＿＿＿＿＿＿＿＿

③＿＿＿＿＿＿＿＿＿＿＿＿　④＿＿＿＿＿＿＿＿＿＿＿＿

問　題

筆記問題

筆記試験中に聞きとり問題を解かないでください。

1

発音どおり表記したものを①〜④の中から１つ選びなさい。
(マークシートの１番〜４番を使いなさい) 〈１点×４問〉

1）어둡네요 マークシート 1

①[어둘레요] ②[어둥네요] ③[어둠네요] ④[어둔네요]

2）그렇게 マークシート 2

①[그런께] ②[그러께] ③[그러케] ④[그러게]

3）끝입니다 マークシート 3

①[끄님니다] ②[끄딤니다] ③[끄팀니다] ④[끄침니다]

4）마실 것 マークシート 4

①[마딜껃] ②[마딜컫] ③[마실껃] ④[마실컫]

問　題

2 次の日本語に当たる単語を正しく表記したものを①～④の中から１つ選びなさい。
（マークシートの５番～８番を使いなさい）〈１点×４問〉

1）左　　マークシート 5

① 왠촉　② 욍좍　③ 욍쪽　④ 왼쪽

2）兄弟　　マークシート 6

① 형제　② 현재　③ 흉제　④ 홍재

3）変化する　　マークシート 7

① 달려지다　② 달라지다　③ 둘려지다　④ 덜러지다

4）まったく　　マークシート 8

① 처녀　② 쪼뇨　③ 존효　④ 전혀

問 題

3 次の日本語に当たるものを①～④の中から１つ選びなさい。
(マークシートの９番～13番を使いなさい) 〈１点×５問〉

１) (手の)指 マークシート 9

① 숟가락 ② 술 ③ 새 ④ 손가락

２) 首都 マークシート 10

① 지도 ② 직업 ③ 수도 ④ 주소

３) 過ごす マークシート 11

① 지내다 ② 자라다 ③ 이기다 ④ 오르다

４) 異なっている マークシート 12

① 어리다 ② 부르다 ③ 다르다 ④ 빠르다

５) まっすぐに、すぐ マークシート 13

① 역시 ② 바로 ③ 거의 ④ 우선

問題

4

(　　　)の中に入れるのに最も適切なものを①～④の中から１つ選びなさい。
(マークシートの14番～16番を使いなさい)　〈２点×３問〉

1) 한국 식당은 (マークシート14)이 많이 나와서 좋아요.

① 걱정　　② 눈물　　③ 달력　　④ 반찬

2) 저는 밝으면 잠을 못 자요. 불을 (マークシート15) 주세요.

① 끊어　　② 꺼　　③ 빌려　　④ 붙여

3) 우리 아이가 (マークシート16) 스무 살이 되었어요.

① 아직　　② 자꾸　　③ 잠시　　④ 벌써

問　題

5 （　　　）の中に入れるのに最も適切なものを①～④の中から１つ選びなさい。
（マークシートの17番～19番を使いなさい）　〈２点×３問〉

1）A：미나 씨, 새해 (マークシート17)은 세웠어요?
B：네. 올해는 한국어를 더 열심히 공부하겠습니다.

① 창문　② 계획　③ 연습　④ 약국

2）A：주말에 친구들과 함께 노래방에 가려고 해요. 민수 씨도 같이 갈래요?
B：가고 싶지만 노래를 잘 (マークシート18)

① 못 불러요.　② 못 걸어요.　③ 못 쳐요.　④ 못 달려요.

3）A：이 소설이 너무 재미있어서 하룻밤에 다 읽었어요.
B：정말요? 저도 (マークシート19) 소설을 읽어요.

① 겨우　② 그러나　③ 가끔　④ 그대로

問　題

6 文の意味を変えずに、下線部の言葉と置き換えが可能なものを①～④の中から１つ選びなさい。
(マークシートの20番～21番を使いなさい)　〈２点×２問〉

1）지금 교실에는 <u>아무도</u> 없어요.　マークシート20

① 아마도　② 한 번도　③ 아직도　④ 한 명도

2）이 일을 오늘 저녁까지 <u>꼭</u> 끝내야 합니다.　マークシート21

① 늘　② 반드시　③ 겨우　④ 매우

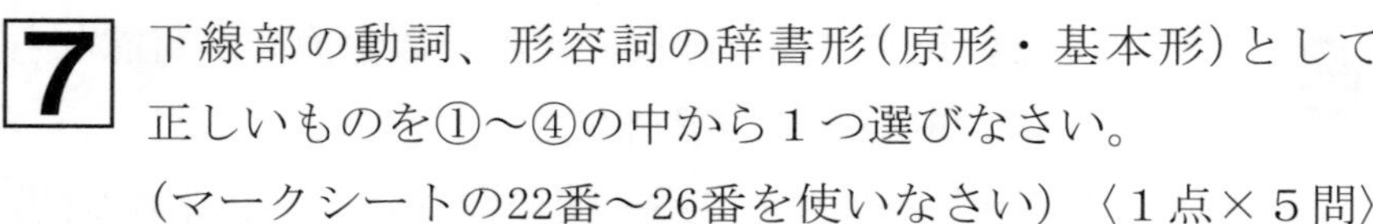

問題

7 下線部の動詞、形容詞の辞書形(原形・基本形)として正しいものを①～④の中から１つ選びなさい。
(マークシートの22番～26番を使いなさい) 〈１点×５問〉

1) 너무 슬퍼서 아무 말도 못 했어요. マークシート22

① 슬프다 ② 슬퍼서다 ③ 슬푸다 ④ 슬퍼다

2) 이곳은 역에서 가까워요. マークシート23

① 가까우다 ② 가깝다 ③ 가까옵다 ④ 가까다

3) 걸으면 10분쯤 걸립니다. マークシート24

① 거르다 ② 걸으다 ③ 걸다 ④ 걷다

4) 요즘 집값이 많이 올랐습니다. マークシート25

① 오르다 ② 올르다 ③ 오라다 ④ 올라다

5) 감기가 다 나았어요? マークシート26

① 나다 ② 낟다 ③ 나아다 ④ 낫다

問　題

8 (　　　)の中に入れるのに適切なものを①～④の中から1つ選びなさい。

(マークシートの27番～30番を使いなさい)　〈2点×4問〉

1) 이것은 제가 여러분(マークシート27) 드리는 선물입니다.

① 께　② 께서　③ 한테서　④ 에

2) 역사책을 (マークシート28) 책방에 갔어요.

① 사면　② 사러　③ 사지만　④ 사도

3) A : 이 사실을 또 누가 알지요?
B : 저(マークシート29) 몰라요.

① 에게서　② 하고　③ 처럼　④ 밖에

4) A : 숙제는 언제까지 내야 됩니까?
B : 수업이 (マークシート30) 내야 됩니다.

① 시작된 정도로　② 시작된 결과
③ 시작되지 않고　④ 시작되기 전에

9 次の場面や状況において最も適切なあいさつやよく使う表現を①～④の中から１つ選びなさい。

（マークシートの31番～32番を使いなさい）　〈１点×２問〉

1）試験に合格した人に対してお祝いを述べるとき　マークシート **31**

① 다녀오겠습니다.　② 잘 지내요.

③ 신세 많이 졌습니다.　④ 축하드려요.

2）相手の話を聞いて、当然そうだと伝えるとき　マークシート **32**

① 글쎄요.　② 그럼요.　③ 뭘요.　④ 됐어요.

問 題

10 対話文を完成させるのに最も適切なものを①～④の中から１つ選びなさい。
（マークシートの33番～36番を使いなさい）〈２点×４問〉

1） A：뭘 그렇게 찾아요?
B：（マークシート **33**）
A：가방 안을 잘 찾아보세요.

① 지갑이 안 보여서요.
② 제가 도와 드릴게요.
③ 잃어버린 지갑을 찾았어요.
④ 도서관을 찾고 있어요.

2） A：손님, 이 색깔 어떠세요?
B：（マークシート **34**）
A：그러면 이 색은 어떠세요?

① 다음 달에 들어올 거예요.
② 아주 맛있어요.
③ 좀 더 밝은 거 없어요?
④ 어디에 가면 좋아요?

問 題

3） A：오늘 저녁은 내가 살게요. 우리 회사 근처에서 만나요.
B：（マークシート35）
A：며칠 전에 수미 씨 생일이었잖아요. 늦었지만 축하해 주고 싶어서요.

① 그럼 어디서 만날까요?
② 무슨 좋은 일이라도 있어요?
③ 고마워요. 저도 같이 가도 돼요?
④ 회사까지 걸어서 몇 분 정도 걸려요?

4） A：어젯밤부터 목이 아파요.
B：（マークシート36）
A：아니요. 아직요.

① 어디가 아팠어요?
② 사람들이 많았어요?
③ 술을 많이 마셨어요?
④ 병원에는 가 봤어요?

問　題

11 文章を読んで、問いに答えなさい。
(マークシートの37番～38番を使いなさい) 〈２点×２問〉

저는 4년 전에 이 회사에 들어왔습니다. 대학교를 졸업하고 바로 들어왔기 때문에 모르는 것이 많아서 처음에는 힘들었습니다. 그래서 그만두고* 싶었던 적도 있었습니다. (マークシート37) 많은 사람들이 도와주었고 좋은 친구도 생겼습니다. 이제는 계속 회사에 다닐 생각입니다.

*) 그만두다：辞める

【問１】 (マークシート37)に入れるのに適切なものを①～④の中から１つ選びなさい。 マークシート37

① 그렇지만　② 그러면　③ 그러니까　④ 그리고

【問２】 本文の内容と一致するものを①～④の中から1つ選びなさい。
マークシート38

① 회사를 그만둘 생각은 없었습니다.
② 회사 일을 도와주는 사람이 없어서 힘들었습니다.
③ 대학교를 졸업한 후 4년 뒤에 회사에 들어갔습니다.
④ 회사 생활이 힘들었지만 이제는 괜찮습니다.

問 題

12 対話文を読んで、問いに答えなさい。
(マークシートの39番～40番を使いなさい) 〈2点×2問〉

부장：연수 씨, 6시가 지났어요. 오늘은 일찍 가서 쉬세요.

연수：부장님, 오늘 미국 사무실*과 전화해야 해서 아직 갈 수 없습니다.

부장：지금 전화하면 안 돼요?

연수：한국 시간보다 미국이 13시간 늦으니까 지금 사무실에 전화해도 아무도 안받을 겁니다.

부장：내가 나중에 전화하면 돼요. 연수 씨는 (マークシート39)

연수：부장님, 감사합니다. 그럼, 잘 부탁드리겠습니다.

*) 사무실：事務室、オフィス

【問1】 (マークシート39)に入れるのに適切なものを①～④の中から1つ選びなさい。 マークシート39

① 먼저 가세요.
② 바로 전화하세요.
③ 빨리 미국에 가요.
④ 계속 기다리세요.

【問２】 対話文の内容と一致するものを①～④の中から１つ選びなさい。 マークシート40

① 부장이 연수보다 먼저 집에 갈 것입니다.

② 미국이 지금 오전 9시쯤이라 회사에 사람들이 와 있을 것입니다.

③ 연수는 나중에 미국 사무실에 전화를 할 것입니다.

④ 미국 사무실에는 지금 아무도 없을 것입니다.

解　答　（＊白ヌキ数字が正答番号）

聞きとり 解答と解説

1 絵の内容に合うものを選ぶ問題　〈各 2 点〉

1）【質問】이 사람은 무엇을 하고 있습니까? → この人は何をしていますか？

① 세수를 하고 있습니다. → 顔を洗っています。

❷ 머리를 감고 있습니다. → 髪を洗っています。

③ 손을 씻고 있습니다. → 手を洗っています。

④ 담배를 피우고 있습니다. → タバコを吸っています。

学習P 人物が何をしているかを選ぶ問題。-고 있다「～している」は現在進行中の動作を表す慣用表現。①②③は全て日本語の「洗う」であるが、対象によって動詞が異なるためそれぞれ連語として覚えると良い。

2）【質問】그림에 맞는 설명은 몇 번입니까? → 絵に合う説明は何番ですか？

解　答

① 안경을 썼습니다.　　　　→ メガネをかけました。

② 의자 밑에 누워 있습니다. → 椅子の下に横になっています。

③ 의자 옆에 서 있습니다.　→ 椅子の隣に立っています。

❹ 의자에 앉아 있습니다.　　→ 椅子に座っています。

学習P 絵の状況を表す文を選ぶ問題。쓰다は「書く」という意味以外に「かける」(例:안경을 쓰다「メガネをかける」)、「かぶる」(例:모자를 쓰다「帽子をかぶる」)などの連語でも使用される。②の누워の基本形はㅂ変格活用の用言である눕다。-{아／어} 있다「～している」は状態を表す慣用表現。

3）【質問】 그림에 맞는 설명은 몇 번입니까? → 絵に合う説明は何番ですか？

❶ 네 사람 중 두 사람이 휴대폰을 보고 있습니다.

→ 4人のうち2人が携帯電話を見ています。

② 여자와 남자가 손을 잡고 있습니다.

→ 女性と男性が手をつないでいます。

③ 치마를 입은 사람은 없습니다.

→ スカートをはいた人はいません。

④ 세 사람 모두 가방을 들었습니다.

→ 3人ともカバンを持っています。

学習P 絵の状況を表す文を選ぶ問題。③치마를 입은の-(으)ㄴ「～した」は、動詞の過去連体形を表す語尾。

解　答

2 文の内容に合うものを選ぶ問題 〈各２点〉

1）더울 때 몸에서 나는 것입니다.　→ 暑い時、体から出るものです。

① 꿈 → 夢　　② 공 → ボール
❸ 땀 → 汗　　④ 칼 → ナイフ、刃物

学習P 物を表す名詞を選ぶ問題。

2）책을 읽는 것입니다.　→ 本を読むことです。

① 출발 → 出発　　❷ 독서 → 読書
③ 목욕 → 入浴、風呂　　④ 설명 → 説明

学習P 行為を表す名詞を選ぶ問題。-는 것입니다[는거심니다]「～することです」は、行為を説明する時に用いる表現。「読む」に関連する語彙は독서「読書」。

3）요리를 하는 곳입니다.　→ 料理をする場所です。

❶ 부엌 → 台所　　② 약국 → 薬局
③ 계단 → 階段　　④ 창문 → 窓

学習P 場所を表す名詞を選ぶ問題。-는 곳입니다[는고심니다]「～するところです」は、場所を説明する時に用いる表現。2)の-는 것입니다[는거심니다]「～することです」と誤らないように注意。

4）남편의 어머니를 보통 이렇게 부릅니다.　→ 夫の母を普通このように呼びます。

① 아버님 → お父さま　　② 아저씨 → おじさん、お兄さん
❸ 어머님 → お母さま　　④ 아가씨 → お嬢さん

学習P 名詞を選ぶ問題。

解　答

3 相手の発話を聞いて、それに対する応答文を選ぶ問題（選択肢はハングルで活字表示）　〈各２点〉

1）감기는 좀 어때요?

→ 風邪の具合はどうですか【直訳：風邪はちょっとどうですか】？

① 오래 기다렸어요.　→ 長く待ちました。

❷ 많이 나았어요.　→ とてもよくなりました。

③ 날씨가 아주 좋아요.　→ 天気が非常に良いです。

④ 거기는 가고 싶지 않아요.　→ そこは行きたくないです。

学習Ⓟ 감기는 좀 어때요?は風邪を引いた相手に対して使うフレーズ。좀には特に意味はなく、このフレーズで一緒に使われるため決まり文句として覚えるとよい。正解②の나았어요の辞書形はㅅ変則の낫다「治る」。

2）제가 부탁한 일 다 끝났어요? → 私がお願いした仕事、全て終わりましたか?

① 네. 제 부탁을 들어 줘서 고마워요.

→ はい。私のお願いを聞いてくれてありがとうございます。

② 제가 좀 도와 드릴까요?

→ 私がちょっと手伝って差し上げましょうか？

③ 그럼요. 천천히 하셔도 돼요.

→ もちろんです。ゆっくりなさってもよいです。

❹ 죄송합니다. 아직 시작도 못 했어요.

→ 申し訳ありません。まだ始められてもいません。

学習Ⓟ 끝나다は「終わる」の意味。끝내다「終える」と混乱しないように注意。

3）언제 한국을 떠날 예정이에요? → いつ韓国を離れる予定ですか?

解　答

① 네. 조금 전에 수업이 끝났어요.
→ はい。少し前に授業が終わりました。

② 지난주 목요일에 찾아왔어요.
→ 先週の木曜日に訪ねてきました。

❸ 모레 12시 비행기예요.
→ 明後日12時の飛行機です。

④ 어제 언니 집을 떠났어요.
→ 昨日、お姉さんの家を出ました。

学習Ⓟ -(으)ㄹ 예정이다は「～する予定だ」の意味。未来連体形を使う。언제「いつ」という単語のみを聞いて②を選んでしまわないように注意。②は過去の内容なので正解にはならない。

4）이 케이크 너무 달지 않아요? → このケーキ、甘すぎませんか？

① 잘 먹겠습니다.　→ いただきます。
② 벌써 밥이 다 됐어요.　→ もうご飯ができました。
③ 좀 비싸요.　→ ちょっと高いです。
❹ 이 정도는 괜찮아요.　→ この程度は大丈夫です。

学習Ⓟ 否定表現 -지 않아요の語尾を上げると -지 않아요?「～ではないですか？」という疑問文になる。

5）이번 겨울방학에는 어디 여행 가세요?
→ 今度の冬休みにはどこか旅行に行かれますか？

① 지난 여름에 시작했어요.　→ 去年の夏に始めました。
② 네. 재미있게 다녀왔어요.　→ はい。楽しく行って来ました。
❸ 아뇨. 그냥 집에 있으려고요.　→ いいえ。ただ家にいようと思います。
④ 좋아요. 여름에 같이 가요.　→ いいですね。夏に一緒に行きましょう。

解　答

学習P 그냥「そのまま、ただ、何となく」、-(으)려고요「〜しようと思いまして」「〜しようと思います」という意味の語尾。どちらも会話でよく使う表現。

4 内容一致問題(選択肢は日本語で活字表示) 〈各２点〉

1) 저는 시간이 생기면 혼자 바다에 갑니다. 바다를 보면서 아무 생각도 하지 않습니다. 그러면 마음이 편안합니다.

→ 私は時間ができると一人で海に行きます。海を見ながら何も考えません。そうすると心が安らぎます。

❶ 海に行くと気持ちが安らぎます。

② 私は一人で山に行くのが好きです。

③ 海を見ながら様々なことを考えます。

④ 海に行く時間がありません。

学習P 아무 생각도 하지 않습니다は直訳すると「何の考えもしません」、意訳すると「何も考えません」。

2) 저는 오늘 아침에 늦잠을 잤습니다. 그래서 학교에 지각했습니다.

→ 私は今朝寝坊しました。それで学校に遅刻しました。

① 今日は学校に早く行きました。

❷ 今日、学校に遅れました。

③ 昨日の朝、寝坊しました。

④ 明日は遅くまで学校にいます。

学習P 늦잠을 자다は「寝坊する」낮잠을 자다「昼寝をする」と混同しないように注意。지각하다は「遅刻する」。

解　答

3）우리 집 근처에 극장이 있습니다. 그 극장은 크고 의자가 편해서 자주 갑니다.

→ 私の家の近所に劇場があります。その劇場は大きくて椅子が快適なのでよく行きます。

① 劇場にはほとんど行きません。

② 劇場は広くありません。

❸ 劇場の椅子は座り心地が良いです。

④ 私の家から劇場は遠いです。

学習P　편하다は直訳すると「楽だ、気楽だ」、この文では「椅子」が主語のため意訳して「快適だ」。자주は「しょっちゅう、しばしば」。

4）女：봄 옷이 없어서 한 벌 사고 싶어요.

男：어떤 것을 찾으세요? 천천히 보세요.

女：이 하얀 치마가 마음에 들어요. 한번 입어 봐도 돼요?

→ 女：春物の服がないので一着買いたいです。

男：どんなものをお探しですか？ ゆっくり見てください。

女：この白いスカートが気に入りました。一度着てみても良いですか？

① 女性は夏服を探しています。

② 女性は青いスカートが気に入りました。

❸ 女性は服の試着を希望しています。

④ 女性は気に入った服が見つかりません。

学習P　最終行、女性の言葉、-{아／어}도 돼요?は「～してもよいですか?」の意味で、相手に許可を求める際に使う表現。

5）女：이 고기가 얼마예요?

男：100그램에 7,500원입니다.

解　答

女：7,500원요? 왜 그렇게 비싸요?

男：요즘 소고기 값이 좀 비싸요. 이 돼지고기는 100그램에 2,000원이에요. 어떠세요?

女：싸네요. 그럼 그걸로 400그램 주세요.

男：네. 알겠습니다.

→ 女：この肉はいくらですか？
男：100グラムで7,500ウォンです。
女：7,500ウォンですか？ なぜそんなに高いのですか？
男：最近牛肉の価格がちょっと高いんです。この豚肉は100グラムで2,000ウォンです。いかがですか？
女：安いですね。ではそれ(＝豚肉)で400グラムください。
男：はい。分かりました。

① 女性は牛肉を買いました。　② 牛肉を半額で売っています。

③ この店の肉は全て高いです。 ❹ 女性は豚肉を買いました。

学習P 그걸(이걸)로 주세요「それ(これ)をください」は食堂や店で注文をする際に使う表現。

5　対話文と選択肢を聞いて【質問】に答える問題　〈各２点〉

1）男：민수 씨하고 연락 됐어요?

女：아뇨. 민수 씨가 전화를 안 받네요.

男：문자는 보내 봤어요?

女：아뇨. 전화만 했어요. 제가 한국어로 문자를 보낸 적이 없어서요.

男：그럼 내가 보내 줄게요. 제니퍼 씨는 10분 후에 다시 전화해 봐요.

→ 男：ミンスさんと連絡つきましたか？
女：いいえ。ミンスさんが電話を取らないんです。
男：メールは送って見ましたか？

解　答

女：いいえ。電話だけしました。私が韓国語でメールを送ったことがないからです。

男：では私が送ってあげますね。ジェニファーさんは10分後に再び電話してみてください。

【質問】 男性がこの後、何をするのかを問う問題

① 민수에게 전화를 걸 겁니다.

→ ミンスに電話をかけるでしょう。

❷ 민수에게 문자를 보낼 겁니다.

→ ミンスにメールを送るでしょう。

③ 제니퍼에게 민수의 전화번호를 가르쳐 줄 겁니다.

→ ジェニファーにミンスの電話番号を教えてあげるでしょう。

④ 제니퍼에게 다시 전화를 할 겁니다.

→ ジェニファーに再び電話をするでしょう。

学習P 「韓国語でメールを送ったことがない」というジェニファーに対して、男性が「그럼 내가 보내 줄게요.」と言っていることから正解は②。문자「携帯メール」。

2）女：어서 오세요. 뭘 드릴까요?

男：김치를 사러 왔어요. 여기는 정말 여러 가지 김치가 있네요.

女：손님, 김치를 잘 드세요?

男：네. 아주 좋아해요. 처음 한국에 왔을 때는 매워서 못 먹었어요. 이제는 김치가 없으면 밥을 못 먹겠어요.

女：그럼 많이 드릴게요. 맛있게 드시고 또 오세요.

→ 女：いらっしゃいませ。何にいたしましょうか【直訳：何を差し上げましょうか】？

男：キムチを買いに来ました。ここは本当にいろいろなキムチがあるんですね。

女：お客様、キムチをよく召し上がりますか？

男：はい。とても好きです。初めて韓国に来た時は辛くて食べられませんでした。今ではキムチがないとご飯を食べられません。

解　答

女：ではたくさん差し上げますね。おいしく召し上がって、また来てください。

【質問】 内容一致を問う問題

① 남자는 김치 만드는 방법을 배우러 한국에 왔습니다.

→ 男性はキムチを作る方法を学びに韓国に来ました。

② 이 가게는 배추김치만 팝니다.

→ この店は白菜キムチだけ売ります。

③남자는 김치가 없어서 밥을 못 먹었습니다.

→ 男性はキムチがないのでご飯を食べられませんでした。

❹ 남자는 지금은 김치를 잘 먹습니다.

→ 男性は、今はキムチをよく食べます。

学習P 男性の最後の言葉、「이제는 김치가 없으면 밥을 못 먹겠어요.」から正解は④。③は過去ではなく現在の話のため正解にはならない。팝니다の辞書形は팔다「売る」(ㄹ語幹)。

3）男：여보세요. 내일 공항 도착 예정 시간은 몇 시예요?

女：11시예요.

男：그럼 우리 공항에서 만나요.

女：민수 씨 바쁘니까 괜찮아요. 집까지 혼자 갈 수 있어요.

男：내일은 목요일이니까 그렇게 바쁘지 않아요.

女：그래요? 그러면 내일 공항에서 만나요.

→ 男：もしもし。明日空港到着予定時間は何時ですか？

女：11時です。

男：では私たち、空港で会いましょう。

女：ミンスさん忙しいですから、大丈夫です。家まで一人で帰れます【直訳：行けます】。

男：明日は木曜日なのでそんなに忙しくありません。

女：そうですか？ それでは明日空港で会いましょう。

第59回 聞きとり 解答と解説

解　答

【質問】 内容一致を問う問題

❶ 남자는 여자를 만나러 공항까지 갈 겁니다.
→ 男性は、女性に会いに空港まで行くでしょう。

② 여자는 11시쯤에 집에 도착할 겁니다.
→ 女性は11時頃に家に到着するでしょう。

③ 남자는 내일 늦게까지 회사에 있을 겁니다.
→ 男性は明日、遅くまで会社にいるでしょう。

④ 두 사람은 다음 주 목요일에 만날 겁니다.
→ 二人は来週木曜日に会うでしょう。

学習P 女性の最後の言葉「그러면 내일 공항에서 만나요」から正解は①。二人が会うのは「明日、木曜日」のため④は正解ではない。

解　答　（＊白ヌキ数字が正答番号）

筆記 解答と解説

1 発音変化を問う問題 〈各１点〉

1）어둡네요 → 暗いですね

①［어둘레요］②［어둥네요］❸［어둠네요］④［어둔네요］

学習P 鼻音化を問う問題。終声ㄱ、ㄷ、ㅂの直後にㄴ、ㅁが来ると終声はそれぞれㅇ、ㄴ、ㅁに鼻音化する。

2）그렇게 → そのように

①［그런께］　②［그러께］　❸［그러케］　④［그러게］

学習P 激音化を問う問題。パッチムㅎの直後に来るㄱ、ㄷ、ㅈはそれぞれㅋ、ㅌ、ㅊに激音化する。

3）끝입니다 → 終わりです

①［끄님니다］②［끄딤니다］③［끄팀니다］❹［끄침니다］

学習P 口蓋音化を問う問題。끝입니다は끝に입니다がついた形。끝이は、パッチムㅌの後ろに이が来て[끄치]と口蓋音化される。

4）마실 것 → 飲む物

①［마딜껀］　②［마딜컨］　❸［마실껀］　④［마실컨］

学習P 濃音化を問う問題。未来連体形語尾-ㄹ／-을に続く平音のㄱは濃音化する。

解答

2 日本語に当たる単語の正しいハングル表記を選ぶ問題 〈各１点〉

1）左

① 왠촉 → × ② 욍족 → × ③ 윙쪽 → × ❹ 왼쪽

学習P 固有語の名詞の正しい表記を選ぶ問題。この問題は子音字ㄴとㅇの区別、合成母音字の区別がポイント。

2）兄弟

❶ 형제 ② 현재 → × ③ 흠제 → × ④ 홍재 → ×

学習P 漢字語の名詞の正しい表記を選ぶ問題。「兄」は音読みで「キョウ」と読む。初声のㅎは「カ行」、パッチムㅇは音読みで「-ウ」または「ーイ」で読む場合が多い。

3）変化する

① 달려지다 → × ❷ 달라지다

③ 둘려지다 → × ④ 덜러지다 → ×

学習P 動詞の正しい表記を選ぶ問題。달라지다は、形容詞다르다「異なっている」に、-{아／어}지다がついてできた動詞。

4）まったく

① 처녀 → × ② 쪼뇨 → × ③ 존효 → × ❹ 전혀

学習P 副詞の正しい表記を選ぶ問題。

3 日本語に当たる単語を選ぶ問題 〈各１点〉

1）(手の)指

① 숟가락 → スプーン ② 술 → 酒

③ 새 → 鳥 ❹ 손가락 → (手の)指

解　答

学習P 固有語の名詞を選ぶ問題。

2）首都

① 지도 → 〈地図〉地図　　② 직업 → 〈職業〉職業

❸ 수도 → 〈首都〉首都　　④ 주소 → 〈住所〉住所

学習P 漢字語の名詞を選ぶ問題。

3）過ごす

❶ 지내다 → 過ごす　　② 자라다 → 成長する

③ 이기다 → 勝つ　　④ 오르다 → 上がる

学習P 固有語の動詞を選ぶ問題。

4）異なっている

① 어리다 → 幼い　　② 부르다 → (お腹が)いっぱいだ

❸ 다르다 → 異なっている　　④ 빠르다 → 速い、早い

学習P 形容詞を選ぶ問題。

5）まっすぐに、すぐ

① 역시 → やはり　　❷ 바로 → まっすぐに、すぐ

③ 거의 → ほとんど　　④ 우선 → まず

学習P 副詞を選ぶ問題。

4 空欄補充問題(語彙問題)　〈各2点〉

1）한국 식당은 (반찬)이 많이 나와서 좋아요.

→ 韓国の食堂は(おかず)がたくさん出てくるので好きです。

解　答

① 걱정 → 心配　　② 눈물 → 涙
③ 달력 → カレンダー　　❹ 반찬 → おかず

学習P 名詞を選ぶ問題。-{아／어}서は①「～して」、②「～{した／な}ので」という意味の語尾。ここでは②の意味。

2）저는 밝으면 잠을 못 자요. 불을 (꺼) 주세요.
→ 私は明るいと眠れません。明かりを(消して)ください。

① 끊어 → 切って　　❷ 꺼 → 消して
③ 빌려 → 借りて　　④ 붙여 → つけて

学習P 動詞を選ぶ問題。-{아／어} 주세요は①「～してください」、②「～してあげてください」「～して下さいます」という意味の慣用表現。ここでは①の意味。

3）우리 아이가 (벌써) 스무 살이 되었어요.
→ うちの子が(もう)20歳になりました。

① 아직 → まだ、なお　　② 자꾸 → しきりに
③ 잠시 → しばらく　　❹ 벌써 → すでに、もう

学習P 副詞を選ぶ問題。벌써は「すでに、もう」という意味で使われる。

5 空欄補充問題(語彙問題)　〈各2点〉

1）A：미나 씨, 새해 (계획)은 세웠어요?
B：네. 올해는 한국어를 더 열심히 공부하겠습니다.
→ A：ミナさん、新年の(計画)は立てましたか？
B：はい。今年は韓国語をもっと一生懸命勉強します。

解　答

① 창문 → 窓　　❷ 계획 → 計画

③ 연습 → 練習　　④ 약국 → 薬局

学習P 세우다は①「立てる」、②「建てる」、③「(車を)停める」の意味。ここでは①の意味。계획을 세우다「計画を立てる」。

2) A : 주말에 친구들과 함께 노래방에 가려고 해요. 민수 씨도 같이 갈래요?

B : 가고 싶지만 노래를 잘 (못 불러요.)

→ A : 週末に友だちと一緒にカラオケに行こうと思います。ミンスさんもいっしょに行きますか?

B : 行きたいのですが、歌をうまく(歌えません。)

❶ 못 불러요. → 歌えません。　② 못 걸어요. → 歩けません。

③ 못 쳐요. → 打てません。　④ 못 달려요. → 走れません。

学習P 못+〈動詞〉で「~できない、~られない」という意味の慣用表現。-지 못하다と同じ意味。

3) A : 이 소설이 너무 재미있어서 하룻밤에 다 읽었어요.

B : 정말요? 저도 (가끔) 소설을 읽어요.

→ A: この小説はとても面白いので一晩で全て読みました。

B: 本当ですか? 私も(時々)小説を読みます。

① 겨우 → やっと、ようやく　② 그러나 → しかし

❸ 가끔 → たまに、時々　④ 그대로 → そのまま

学習P 저도「私も」の도は「~も」の意味を表す助詞。

解　答

6 下線部と置き換えが可能なものを選ぶ問題 〈各２点〉

1）지금 교실에는 아무도 없어요.

→ 今、教室には誰もいません。

① 아마도 → おそらく、多分　② 한 번도 → 一度も

③ 아직도 → まだ　❹ 한 명도 → 一人も

学習P 아무도 없다は「誰もいない」。아무도「誰も〜(否定表現)」、한 번도「一度も〜(否定表現)」、한 명도「一人も〜(否定表現)」。

2）이 일을 오늘 저녁까지 꼭 끝내야 합니다.

→この仕事を今日の夕方までに必ず終えなければいけません。

① 늘 → 常に、いつも　❷ 반드시 → 必ず、きっと

③ 겨우 → やっと、ようやく　④ 매우 → 非常に、とても

学習P 꼭は「必ず、きっと」の意味。곧「すぐに、まもなく」と誤りやすいので注意したい。

7 下線部の動詞、形容詞の辞書形(原形・基本形)として正しいものを選ぶ問題 〈各１点〉

1）너무 슬퍼서 아무 말도 못했어요.

→ あまりにも悲しくて何も言えませんでした。

❶ 슬프다　② 슬퍼서다 → ×

③ 슬푸다 → ×　④ 슬퍼다 → ×

学習P 으語幹用言の辞書形を選択する問題。語幹が母音の「ㅡ」で終わる用言の一部が으語幹用言である。語幹の次に-아／어で始まる語尾が続くと、語幹の

解　答

「ー」が脱落する。슬프다は슬프고、슬프면、슬퍼서、슬펐어요のように活用する。으語幹用言には쓰다、크다、끄다、뜨다などがある。

2）이곳은 역에서 가까워요. → ここは駅から近いです。

① 가까우다 → ×　　❷ 가깝다

③ 가까옵다 → ×　　④ 가까다 → ×

学習P ㅂ変格用言の辞書形を選択する問題。語幹の次に-으で始まる語尾が続くと語幹からㅂパッチムが消え、으が우に変わる。また-아／어で始まる語尾が続くと、語幹からㅂパッチムが消え、-아／어が-와／워に変わる。어둡다は어둡고、어두우면、어두워서、어두웠어요のように活用する。

3）걸으면 10분쯤 걸립니다. → 歩けば10分くらいかかります。

① 거르다 → ×　　② 걸으다 → ×

③ 걸다　→ ×　　❹ 걷다

学習P ㄷ変格用言の辞書形を選択する問題。語幹の次に-아／어や-으で始まる語尾が来ると、語幹のㄷパッチムがㄹに変わる。걷다は걷고、걸으면、걸어서、걸었어요のように活用する。ㄷ変格用言には걷다、듣다、묻다、알아듣다などがある。

4）요즘 집값이 많이 올랐습니다. → 最近家の価格が非常に上がりました。

❶ 오르다　　② 올르다 → ×

③ 오라다 → ×　　④ 올라다 → ×

学習P 르変格用言の辞書形を選択する問題。-르の次に-아／어で始まる語尾が来ると、-ㄹ라／ㄹ러になる。르の直前の文字の母音が陽母音であれば-ㄹ라、陰母音であれば-ㄹ러になる。오르다は오르고、오르면、올라서、올랐어요のように活用する。르変格用言には모르다、부르다「呼ぶ」、부르다「満腹だ」、흐르다、다르다などがある。

解　答

5）감기가 다 <u>나았어요</u>?　→ 風邪はすっかり<u>治りましたか</u>?

① 나다 → ×　② 낟다 → ×　③ 나아다 → ×　❹ 낫다

学習P　ㅅ変格用言の辞書形を選択する問題。語幹の次に-으や-아／어で始まる語尾が続くと、語幹のㅅパッチムが脱落する。낫다は낫고、나으면、나아서、나았어요のように活用する。4級のㅅ変格用言には他に짓다がある。

8　空欄補充問題（文法問題）〈各2点〉

1）이것은 제가 여러분(께) 드리는 선물입니다.

→ これは私が皆さん(に)差し上げるプレゼントです。

❶ 께　→ ～に　② 께서 → ～が

③ 한테서 → ～から　④ 에　→ ～に

学習P　助詞を選ぶ問題。①、④は共に「～に」の意味だが、-께は-에게の尊敬形。(　)の後ろに드리다「差し上げる」が来るので(　)に入るのは-께が適切。-에「～に」は場所や時間につく。(例)지금 학교에 있어요「今学校にいます」。②께서は-가／이「～が」の尊敬形。

2）역사책을 (사러) 책방에 갔어요. → 歴史の本を(買いに)本屋に行きました。

① 사면　→ 買えば　❷ 사러 → 買いに

③ 사지만 → 買うが　④ 사도 → 買っても

学習P　語尾を選ぶ問題。①-(으)면は「～すれば」、②-(으)러は「～しに」、③-지만は「～{する／だ}が」、「～{する／だ}けれど」、④-{아／어}도は「～ {して／であって}も」である。

3）A：이 사실을 또 누가 알지요?

B：저(밖에) 몰라요.

→ A：この事実を他に誰が知っていますか？
B：私(しか)知りません。

① 에게서 → 〜から　② 하고 → 〜と
③ 처럼 → 〜のように　❹ 밖에 → 〜しか

学習P －밖에「〜しか」は否定文にしか使えない。－에게서は「〜(人)から、〜(人)に(もらう)」の意味。同じ意味を表す－한테서は話し言葉。

4) A：숙제는 언제까지 내야 됩니까?
B：수업이 (시작되기 전에) 내야 됩니다.
→ A：宿題はいつまでに出さなくてはいけませんか？
B：授業が(始まる前に)出さなくてはいけません。

① 시작된 정도로 → 始まったくらいに
② 시작된 결과 → 始まった結果
③ 시작되지 않고 → 始まらないで
❹ 시작되기 전에 → 始まる前に

学習P 慣用表現を選ぶ問題。①－(으)ㄴ 정도로(는)「【動詞】〜したくらい、ほどに(は)」「【形容詞】〜なくらい、ほどに(は)」、②－(으)ㄴ 결과「〜した結果」、③－지 않고「〜しないで」、④－기 전에「【動詞】〜する前(に)」「【形容詞・指定詞】〜である以前(に)」。

9 場面や状況に合わせた適切なあいさつやよく使う表現を選ぶ問題
〈各1点〉

1) 試験に合格した人に対してお祝いを述べるとき
① 다녀오겠습니다. → 行って来ます。
② 잘 지내요. → 元気に過ごしています。

解　答

③ 신세 많이 졌습니다. → たいへんお世話になりました。

❹ 축하드려요.　　　　→ おめでとうございます。

学習Ⓟ ②は、잘 지내요?「元気ですか？」と疑問形でもよく使う。

2）相手の話を聞いて、当然そうだと伝えるとき

① 글쎄요. → そうですね。

❷ 그럼요. → もちろんですとも。

③ 뭘요.　→ いえいえ。とんでもないです。

④ 됐어요. → 結構です。

学習Ⓟ ①は、相手の問いに対してはっきり答えられない時や返事を濁す際に使う表現。③はお礼を言われたり、お詫びを言われた際に使う。

10 空欄補充問題（対話問題）　〈各２点〉

1）A：뭘 그렇게 찾아요?
B：(지갑이 안 보여서요.)
A：가방 안을 잘 찾아보세요.

→ A：何をそんなに探しているのですか？
B：(財布が見あたらない【直訳：見えない】からです。)
A：カバンの中をよく探して見てください。

❶ 지갑이 안 보여서요.
→ 財布が見あたらない【直訳：見えない】からです。

② 제가 도와 드릴게요.
→ 私が手伝って差し上げますね。

③ 잃어버린 지갑을 찾았어요.
→ なくした財布を見つけました。

④ 도서관을 찾고 있어요.

解　答

→ 図書館を探しています。

学習P 찾다には「探す」以外に「見つける、見つかる」「訪ねる」「取り戻す」「(お金などを)おろす」「求める」の意味がある。-{아／어}서요は「～{する／だ}からです」。안 보이다は直訳すると「見えない」であるが、「探し物が見当たらない、見つからない」という意味で日常的によく使う表現。

2) A：손님, 이 색깔 어떠세요?

B：(좀 더 밝은 거 없어요?)

A：그러면 이 색은 어떠세요?

→ A：お客様、この色いかがでしょうか?

B：(もう少し明るいものはないですか?)

A：ではこの色はいかがでしょうか?

① 다음 달에 들어올 거예요. → 来月に入って来るでしょう。

② 아주 맛있어요. → とても美味しいです。

❸ 좀 더 밝은 거 없어요? → もう少し明るいものはないですか?

④ 어디에 가면 좋아요? → どこに行けばいいですか?

学習P 좀 더は「もう少し、もうちょっと」の意味。日本語では「もう少し」であるが더 좀とは表現せず더が좀の後ろに来る。

3) A：오늘 저녁은 내가 살게요. 우리 회사 근처에서 만나요.

B：(무슨 좋은 일이라도 있어요?)

A：며칠 전에 수미 씨 생일이었잖아요. 늦었지만 축하해 주고 싶어서요.

→ A：今日の夕食は私がおごりますね。うちの会社の近所で会いましょう。

B：(何か良いことでもあるのですか?)

A：数日前にスミさんの誕生日だったではないですか。遅くなりましたがお祝いしたいからです。

① 그럼 어디서 만날까요?

→ ではどこで会いましょうか?

解 答

❷ 무슨 좋은 일이라도 있어요?
→ 何か良いことでもあるのですか？

③ 고마워요. 저도 같이 가도 돼요?
→ ありがとう。私も一緒に行ってもいいですか？

④ 회사까지 걸어서 몇 분 정도 걸려요?
→ 会社まで歩いて何分程度かかりますか？

学習P 사다「買う」は「食事をおごる、ごちそうする」という意味で日常的によく使う表現。-잖아요は「～(する)じゃないですか、～(する)でしょう」の意味を持つ語尾で、聞き手がある事実に対して忘れていることを思い出させようとする時に使う口語表現。

4) A：어젯밤부터 목이 아파요. → A：昨晩からのどが痛いです。
B：(병원에는 가 봤어요?)　B：(病院には行ってみましたか？)
A：아니요. 아직요.　A：いいえ。まだです。

① 어디가 아팠어요? → どこが痛かったですか？
② 사람들이 많았어요? → 人々が多かったですか？
③ 술을 많이 마셨어요? → お酒をたくさん飲みましたか？
❹ 병원에는 가 봤어요? → 病院には行ってみましたか？

学習P 選択肢④가 봤어요?「行って見ましたか？」は動詞가다(行く)に-{아／어} 보다(～してみる)が接続した表現。

11 読解問題　〈各2点〉

저는 4년 전에 이 회사에 들어왔습니다. 대학교를 졸업하고 바로 들어왔기 때문에 모르는 것이 많아서 처음에는 힘들었습니다. 그래서 그만두고* 싶었던 적도 있었습니다. (그렇지만) 많은 사람들이 도와주

解　答

었고 좋은 친구도 생겼습니다. 이제는 계속 회사에 다닐 생각입니다.

［日本語訳］

私は４年前にこの会社に入社しました【直訳：入ってきました】。大学を卒業してすぐに入社したため、知らないことが多く最初は大変でした。そのため、辞めた*かったこともありました。(しかし)たくさんの人々が助けてくれ、良い友達もできました。今は引き続き会社に勤める【直訳:通う】考えです。

【問１】 空欄補充問題

❶ 그렇지만　→ だが、しかしながら
② 그러면　→ それなら、そうすれば
③ 그러니까　→ だから
④ 그리고　→ そして

学習P （　　）の前で、그만두고 싶었던 적도 있었습니다と述べているのに対し、（　　）の後では계속 회사에 다닐 생각입니다と考えが変わっているため、逆接の接続詞①그렇지만が適切。

【問２】 内容の一致を問う問題

① 회사를 그만둘 생각은 없었습니다.
→ 会社を辞める考えはありませんでした。

② 회사 일을 도와주는 사람이 없어서 힘들었습니다.
→ 会社の仕事を手伝ってくれる人がいなくて大変でした。

③ 대학교를 졸업한 후 4년 뒤에 회사에 들어갔습니다.
→ 大学を卒業した後、４年後に会社に入りました。

解　答

❹ 회사 생활이 힘들었지만 이제는 괜찮습니다.

→ 会社の生活が大変でしたが、今は大丈夫です。

学習P ②도와주는 사람の도와주다は、「手伝ってくれる」「手伝ってあげる」の両方の意味がある。ここでは前者の意味である。③졸업한 후の－(으)ㄴ 후は「～した後」という慣用表現。

12 読解問題 〈各２点〉

부장：연수 씨, 6시가 지났어요. 오늘은 일찍 가서 쉬세요.

연수：부장님, 오늘 미국 사무실*과 전화해야 해서 아직 갈 수 없습니다.

부장：지금 전화하면 안 돼요?

연수：한국 시간보다 미국이 13시간 늦으니까 지금 사무실에 전화해도 아무도 안 받을 겁니다.

부장：내가 나중에 전화하면 돼요. 연수 씨는 (먼저 가세요.)

연수：부장님, 감사합니다. 그럼, 잘 부탁드리겠습니다.

[日本語訳]

部　長：ヨンスさん、6時が過ぎました。今日は早く帰って休んでください。

ヨンス：部長、今日アメリカのオフィス*と電話しなくてはいけないため、まだ帰ることができません。

部　長：今電話してはだめですか？

ヨンス：韓国の時間よりアメリカが13時間遅いので今オフィスに電話しても誰も（電話を）取らないでしょう。

部　長：私が後で電話すれば良いです。ヨンスさんは（先に帰ってください。）

ヨンス：部長、ありがとうございます。では、宜しくお願い致します。

解　答

【問１】 空欄補充問題

❶ 먼저 가세요.　→ 先に帰ってください。

② 바로 전화하세요.　→ すぐに電話してください。

③ 빨리 미국에 가요.　→ 早くアメリカに行ってください。

④ 계속 기다리세요.　→ 引き続き待ってください。

学習Ⓟ ここでの「가세요」は집에 가세요「家に帰って【直訳：行って】ください」の意味。日本語の「お先に失礼します」は먼저 갈게요、먼저 갑니다、먼저 가겠습니다、먼저 가 보겠습니다のように表現する。

【問２】 内容の一致を問う問題

① 부장이 연수보다 먼저 집에 갈 것입니다.

→ 部長がヨンスより先に家に帰るでしょう。

② 미국이 지금 오전 9시쯤이라 회사에 사람들이 와 있을 것입니다.

→ アメリカが今午前９時頃なので、会社に人が来ているでしょう。

③ 연수는 나중에 미국 사무실에 전화를 할 것입니다.

→ ヨンスはあとで、アメリカのオフィスに電話をするでしょう。

❹ 미국 사무실에는 지금 아무도 없을 것입니다.

→ アメリカのオフィスには今誰もいないでしょう。

学習Ⓟ -(으)ㄹ 것입니다は「～{する／だろう}と思います、～するでしょう」という推測の意味を表す慣用表現。-(으)ㄹ 겁니다、-(으)ㄹ 거예요とも表現する。疑問形になると「～しますか？」「～するつもりですか？」の意味となる。아무도 없다「誰もいない」。아무도の後ろには否定表現が来る。

４級聞きとり 正答と配点

●40点満点

問題	設問	マークシート番号	正　答	配　点
1	1)	1	②	2
	2)	2	④	2
	3)	3	①	2
2	1)	4	③	2
	2)	5	②	2
	3)	6	①	2
	4)	7	③	2
3	1)	8	②	2
	2)	9	④	2
	3)	10	③	2
	4)	11	④	2
	5)	12	③	2
4	1)	13	①	2
	2)	14	②	2
	3)	15	③	2
	4)	16	③	2
	5)	17	④	2
5	1)	18	②	2
	2)	19	④	2
	3)	20	①	2
合　計				40

4級筆記　正答と配点

●60点満点

問題	設問	マークシート番号	正答	配点
1	1)	1	③	1
	2)	2	③	1
	3)	3	④	1
	4)	4	③	1
2	1)	5	④	1
	2)	6	①	1
	3)	7	②	1
	4)	8	④	1
3	1)	9	④	1
	2)	10	③	1
	3)	11	①	1
	4)	12	③	1
	5)	13	②	1
4	1)	14	④	2
	2)	15	②	2
	3)	16	④	2
5	1)	17	②	2
	2)	18	①	2
	3)	19	③	2
6	1)	20	④	2
	2)	21	②	2

問題	設問	マークシート番号	正答	配点
7	1)	22	①	1
	2)	23	②	1
	3)	24	④	1
	4)	25	①	1
	5)	26	④	1
8	1)	27	①	2
	2)	28	②	2
	3)	29	④	2
	4)	30	④	2
9	1)	31	④	1
	2)	32	②	1
10	1)	33	①	2
	2)	34	③	2
	3)	35	②	2
	4)	36	④	2
11	問1	37	①	2
	問2	38	④	2
12	問1	39	①	2
	問2	40	④	2
合　計				60

4級

全15ページ
聞きとり　20問/30分
筆　　記　40問/60分

2023年 秋季 第60回

「ハングル」能力検定試験

【試験前の注意事項】
1）監督の指示があるまで、問題冊子を開いてはいけません。
2）聞きとり試験中に筆記試験の問題部分を見ることは不正行為となるので、充分ご注意ください。
3）この問題冊子は試験終了後に持ち帰ってください。
マークシートを教室外に持ち出した場合、試験は無効となります。
※CD 3などの番号はCDのトラックナンバーです。

【マークシート記入時の注意事項】
1）マークシートへの記入は「記入例」を参照し、HB以上の黒鉛筆またはシャープペンシルではっきりとマークしてください。ボールペンやサインペンは使用できません。
訂正する場合、消しゴムで丁寧に消してください。
2）氏名、受験地、受験地コード、受験番号、生まれ月日は、もれのないよう正しく記入し、マークしてください。
3）マークシートにメモをしてはいけません。メモをする場合は、この問題冊子にしてください。
4）マークシートを汚したり、折り曲げたりしないでください。

※試験の解答速報は、11月12日の全級試験終了後（17時頃）、協会公式HPにて公開します。
※試験結果や採点について、お電話でのお問い合わせにはお答えできません。

◆次回 2024年 春季 第61回検定：6月2日（日）実施◆

問　題

聞きとり問題

聞きとり試験中に筆記問題を解かないでください。

04

1

質問文と選択肢を２回ずつ読みます。絵を見て、【質問】に対する答えとして適切なものを①～④の中から１つ選んでください。

（マークシートの１番～３番を使いなさい）　〈2点×3問〉

05

１）【質問】＿＿＿＿＿＿＿＿＿＿　マークシート 1

①＿＿＿＿＿＿＿＿

②＿＿＿＿＿＿＿＿

③＿＿＿＿＿＿＿＿

④＿＿＿＿＿＿＿＿

問　題

🔊 06

2）【質問】＿＿＿＿＿＿＿＿＿＿＿＿＿＿＿＿＿＿　マークシート 2

①＿＿＿＿＿＿＿＿＿＿＿＿＿＿

②＿＿＿＿＿＿＿＿＿＿＿＿＿＿

③＿＿＿＿＿＿＿＿＿＿＿＿＿＿

④＿＿＿＿＿＿＿＿＿＿＿＿＿＿

🔊 07

3）【質問】＿＿＿＿＿＿＿＿＿＿＿＿＿＿＿＿＿＿　マークシート 3

①＿＿＿＿＿＿＿＿＿＿＿＿＿＿

②＿＿＿＿＿＿＿＿＿＿＿＿＿＿

③＿＿＿＿＿＿＿＿＿＿＿＿＿＿

④＿＿＿＿＿＿＿＿＿＿＿＿＿＿

問　題

08

2 短い文と選択肢を２回ずつ読みます。文の内容に合うものを①～④の中から１つ選んでください。
（マークシートの４番～７番を使いなさい）　〈2点×4問〉

09

１）＿＿＿＿＿＿＿＿＿＿　マークシート 4

①＿＿＿　②＿＿＿　③＿＿＿　④＿＿＿

10

２）＿＿＿＿＿＿＿＿＿＿　マークシート 5

①＿＿＿　②＿＿＿　③＿＿＿　④＿＿＿

11

３）＿＿＿＿＿＿＿＿＿＿　マークシート 6

①＿＿＿　②＿＿＿　③＿＿＿　④＿＿＿

問　題

12

4）＿＿＿＿＿＿＿＿＿＿＿＿＿＿＿＿＿＿＿＿　マークシート 7

①＿＿＿＿＿　②＿＿＿＿＿　③＿＿＿＿＿　④＿＿＿＿＿

13

3 問いかけなどの文を２回読みます。その応答文として適切なものを①～④の中から１つ選んでください。
（マークシートの８番～12番を使いなさい）　〈2点×5問〉

14

1）＿＿＿＿＿＿＿＿＿＿＿＿＿＿＿＿＿＿＿＿　マークシート 8

① 학교에 갔어요.
② 재미있었어요.
③ 열 장 주세요.
④ 소설이요.

問 題

◀)) 15

2）＿＿＿＿＿＿＿＿＿＿＿＿＿＿＿＿＿＿＿＿ マークシート 9

① 구두는 이쪽에 있어요.
② 오른쪽으로 가세요.
③ 먼저 나갔어요.
④ 왼쪽에 구두가 있어요.

◀)) 16

3）＿＿＿＿＿＿＿＿＿＿＿＿＿＿＿＿＿＿＿＿ マークシート 10

① 올해 일흔 셋이세요.
② 1년밖에 안 됐어요.
③ 올해 사장님이 됐어요.
④ 아버지는 도쿄에 사세요.

問　題

17

4） -- マークシート 11

① 그 일은 한 적이 없어요.
② 이번 주말까지 끝내면 돼요.
③ 다음 주까지는 끝내지 못해요.
④ 저기에 앉아 있으면 돼요.

18

5） -- マークシート 12

① 잘 찾아왔어요.
② 아주 잘 들려요.
③ 아니요. 가방을 들고 갔어요.
④ 네. 정말 재미있었어요.

問　題

19

4 文章もしくは対話文を２回読みます。その内容と一致するものを①～④の中から１つ選んでください。
(マークシートの13番～17番を使いなさい)　〈2点×5問〉

20

１）＿＿＿＿＿＿＿＿＿＿＿＿＿＿＿＿＿＿＿＿
＿＿＿＿＿＿＿＿＿＿＿＿＿＿＿＿＿＿＿＿　マークシート13

① 時間があれば音楽を聴きながら歩きます。
② 音楽を聴く時間がほとんどありません。
③ 音楽CDを作るのが趣味です。
④ 音楽を聴いたり旅行をしたりするのが趣味です。

21

２）＿＿＿＿＿＿＿＿＿＿＿＿＿＿＿＿＿＿＿＿
＿＿＿＿＿＿＿＿＿＿＿＿＿＿＿＿＿＿＿＿　マークシート14

① 先月試合に出て勝ちました。
② 早く卓球の試合に出たいです。
③ 一生懸命卓球を教えています。
④ 有名な卓球選手になりたいです。

問　題

22

3）＿＿＿＿＿＿＿＿＿＿＿＿＿＿＿＿＿＿＿＿＿＿＿＿

＿＿＿＿＿＿＿＿＿＿＿＿＿＿＿＿＿＿＿＿＿＿＿＿ マークシート 15

① 携帯で本屋もカフェも探して行けます。

② 携帯では有名ではないカフェは見つかりません。

③ 携帯に小さな本屋は出てきません。

④ 最近は道に迷う人が多いです。

23

4）男：＿＿＿＿＿＿＿＿＿＿＿＿＿＿＿＿＿＿＿＿＿＿＿＿

女：＿＿＿＿＿＿＿＿＿＿＿＿＿＿＿＿＿＿＿＿＿＿＿＿

男：＿＿＿＿＿＿＿＿＿＿＿＿＿＿＿＿＿＿＿＿＿＿＿＿ マークシート 16

① 男性は自分の髪型を気にしています。

② 男性は髪を染めました。

③ 女性は男性の髪型がおかしいと言いました。

④ 女性は男性の髪を切ってあげました。

問　題

🔊 24

5）女：＿＿＿＿＿＿＿＿＿＿＿＿＿＿＿＿＿＿＿＿＿＿

男：＿＿＿＿＿＿＿＿＿＿＿＿＿＿＿＿＿＿＿＿＿＿

女：＿＿＿＿＿＿＿＿＿＿＿＿＿＿＿＿＿＿＿＿＿＿

男：＿＿＿＿＿＿＿＿＿＿＿＿＿＿＿＿＿＿＿＿＿＿

女：＿＿＿＿＿＿＿＿＿＿＿＿＿＿＿＿＿＿＿＿＿＿

男：＿＿＿＿＿＿＿＿＿＿＿＿＿＿＿＿＿＿＿＿＿＿ マークシート 17

① 男性は最近新しい食堂へよく行きます。

② 男性は魚が好きではありません。

③ 女性はランチの値段は気にしません。

④ 会社の食堂は高いです。

問　題

◀)) 25

対話文を２回読みます。引き続き選択肢も２回ずつ読みます。【質問】に対する答えとして適切なものを①～④の中から１つ選んでください。

(マークシートの18番～20番を使いなさい)　〈2点×3問〉

◀)) 26

１）男：＿＿＿＿＿＿＿＿＿＿＿＿＿＿＿＿
　　女：＿＿＿＿＿＿＿＿＿＿＿＿＿＿＿＿
　　男：＿＿＿＿＿＿＿＿＿＿＿＿＿＿＿＿
　　女：＿＿＿＿＿＿＿＿＿＿＿＿＿＿＿＿
　　男：＿＿＿＿＿＿＿＿＿＿＿＿＿＿＿＿

【質問】　男性はこの後、何をするでしょうか。　マークシート18

①＿＿＿＿＿＿＿＿＿＿　②＿＿＿＿＿＿＿＿＿＿

③＿＿＿＿＿＿＿＿＿＿　④＿＿＿＿＿＿＿＿＿＿

問　題

2）女：＿＿＿＿＿＿＿＿＿＿＿＿＿＿＿＿＿＿＿＿
　　男：＿＿＿＿＿＿＿＿＿＿＿＿＿＿＿＿＿＿＿＿
　　女：＿＿＿＿＿＿＿＿＿＿＿＿＿＿＿＿＿＿＿＿
　　男：＿＿＿＿＿＿＿＿＿＿＿＿＿＿＿＿＿＿＿＿
　　女：＿＿＿＿＿＿＿＿＿＿＿＿＿＿＿＿＿＿＿＿

【質問】　対話の内容と一致するものはどれですか。　マークシート19

①＿＿＿＿＿＿＿＿＿＿＿＿　②＿＿＿＿＿＿＿＿＿＿＿＿
③＿＿＿＿＿＿＿＿＿＿＿＿　④＿＿＿＿＿＿＿＿＿＿＿＿

問　題

30

3）男：________________

女：________________

男：________________

女：________________

男：________________

女：________________

【質問】　対話の内容と一致するものはどれですか。　マークシート20

①________________　②________________

③________________　④________________

問　題

筆記問題

筆記試験中に聞きとり問題を解かないでください。

1 発音どおり表記したものを①～④の中から１つ選びなさい。
(マークシートの１番～４番を使いなさい)　〈1点×4問〉

1）끝나요　マークシート 1

① [끈나요]　② [끔나요]　③ [끙나요]　④ [끌라요]

2）졸업하다　マークシート 2

① [조러바다]　② [조러파다]　③ [조러빠다]　④ [졸러파다]

3）생일날　マークシート 3

① [생인날]　② [생일랄]　③ [생닐랄]　④ [생닌날]

4）감지 않고　マークシート 4

① [감지안꼬]　② [감지안고]　③ [감찌안코]　④ [감치안코]

問　題

2 次の日本語に当たる単語を正しく表記したものを①～④の中から1つ選びなさい。
(マークシートの５番～８番を使いなさい)　〈1点×4問〉

1）声　マークシート 5

① 멋소리　② 목소리　③ 몬서리　④ 먹서리

2）予定　マークシート 6

① 예정　② 애전　③ 예존　④ 애종

3）帰ってくる　マークシート 7

① 털아오다　② 돌아오다　③ 도라오다　④ 털러오다

4）最も　マークシート 8

① 까장　② 가잔　③ 카잔　④ 가장

問題

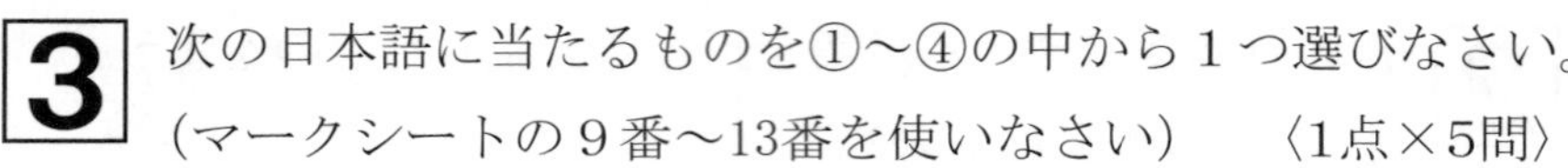

3 次の日本語に当たるものを①～④の中から１つ選びなさい。
(マークシートの９番～13番を使いなさい)　〈1点×5問〉

1）器　マークシート 9

① 그릇　② 구름　③ 그림　④ 거리

2）結果　マークシート 10

① 결정　② 결과　③ 제목　④ 건물

3）守る　マークシート 11

① 남기다　② 지내다　③ 지키다　④ 다치다

4）少ない　マークシート 12

① 좁다　② 짜다　③ 젊다　④ 적다

5）まず、とりあえず　マークシート 13

① 우선　② 무척　③ 전혀　④ 절대로

4 (　　　)の中に入れるのに最も適切なものを①～④の中から１つ選びなさい。
(マークシートの14番～16番を使いなさい)　〈２点×３問〉

1) 교실에서 (マークシート14)를 피우면 안 됩니다.

① 노트　② 지도　③ 교수　④ 담배

2) 무하고 배추를 물로 씻어서 저쪽에 (マークシート15).

① 부르세요　② 끄세요　③ 두세요　④ 찍으세요

3) 빌린 책을 (マークシート16) 돌려주지 않았습니다.

① 아직　② 어서　③ 혹시　④ 매우

問 題

(　　　)の中に入れるのに最も適切なものを①～④の中から１つ選びなさい。
(マークシートの17番～19番を使いなさい)　〈2点×3問〉

1）A：일본 사람들은 밥을 먹을 때 뭐로 먹어요?
B：보통 (マークシート17)으로 먹어요.

① 젓가락　② 식당　③ 부엌　④ 슈퍼마켓

2）A：한국말이 많이 늘었네요!
B：네. 열심히 공부했거든요. 지금은 뉴스도 잘 (マークシート18)

① 도와줘요.　② 알아들어요.
③ 돌아가요.　④ 모자라요.

3）A：많이 기다리셨지요?
B：아니에요.
A：미안해요. (マークシート19) 일이 생겨서 늦었어요.

① 벌써　② 아직까지　③ 앞으로　④ 갑자기

問　題

6 文の意味を変えずに、下線部の言葉と置き換えが可能なものを①～④の中から１つ選びなさい。
(マークシートの20番～21番を使いなさい)　〈2点×2問〉

1）아침 일찍 전화가 와서 일어났어요.　マークシート 20

① 잠이 들었어요　② 잠이 왔어요
③ 잠을 잤어요　④ 잠이 깼어요

2）여기에 성함을 써 주세요.　マークシート 21

① 나이를　② 이름을　③ 직업을　④ 주소를

問題

7 下線部の動詞、形容詞の辞書形(原形・基本形)として正しいものを①～④の中から１つ選びなさい。
(マークシートの22番～26番を使いなさい) 〈1点×5問〉

1) 돈을 <u>모아서</u> 여행을 가고 싶어요. マークシート22

① 모으다　② 모아서다　③ 모아다　④ 모우다

2) 여기에 좀 <u>누워도</u> 될까요? マークシート23

① 눕우다　② 누워다　③ 누우다　④ 눕다

3) 회사까지는 <u>걸어서</u> 10분 정도 걸립니다. マークシート24

① 걸다　② 걷다　③ 걸어다　④ 겄다

4) 여기에 오면 시간이 빨리 <u>흘러</u> 가요. マークシート25

① 흐러다　② 흘르다　③ 흐르다　④ 흘러다

5) 작년 봄에 집을 <u>지었어요</u>. マークシート26

① 지으다　② 지다　③ 지어다　④ 짓다

8 (　　　)の中に入れるのに適切なものを①～④の中から1つ選びなさい。
(マークシートの27番～30番を使いなさい)　〈2点×4問〉

1) 친구(マークシート27) 이메일이 왔어요.

① 께　② 한테서　③ 에　④ 밖에

2) 어제는 감기가 (マークシート28) 공부를 못 했습니다.

① 들어서　② 들었지만　③ 들려고　④ 들어도

3) A：민수 씨는 꿈이 뭐예요?
B：나는 농구 선수(マークシート29) 되고 싶어요.

① 에　② 에서　③ 가　④ 께

4) A：일본말은 언제 배웠어요?
B：대학교 (マークシート30) 배웠어요.

① 다닌 이상　② 다닌 정도로
③ 다닐 때　④ 다니는 걸로

問　題

9 次の場面や状況において最も適切なあいさつやよく使う表現を①～④の中から１つ選びなさい。
（マークシートの31番～32番を使いなさい）　〈1点×2問〉

1）お酒の席でグラスをかかげるとき　マークシート31

① 뭘요.　② 글쎄요.　③ 참!　④ 건배!

2）食事を勧めるとき

マークシート32

① 고마웠어요.　② 많이 드세요.
③ 잘 먹었어요.　④ 천만에요.

10 対話文を完成させるのに最も適切なものを①～④の中から１つ選びなさい。
（マークシートの33番～36番を使いなさい）　〈2点×4問〉

1）A：공항에 도착하면 바로 연락 주세요.
B：（マークシート33）
A：그럼, 전화 기다리고 있겠습니다.

① 잊으면 안 돼요.
② 제가 연락했습니다.
③ 조금 전에 도착했습니다.
④ 그렇게 할게요.

2）A：이 방은 어떠세요? 마음에 드세요?
B：（マークシート34）
A：그러시면 다른 방을 보여 드리겠습니다.

① 조금 더 넓은 방은 없어요?
② 생각보다 안 비싸고 좋네요.
③ 네. 정말 마음에 듭니다.
④ 네. 이 방으로 하겠습니다.

問 題

3）A：이거 옛날에 서울 갔을 때 찍은 사진 아니에요?
B：（マークシート35）
A：고향 집에서 찾았어요.

① 그때 누가 찾았어요?
② 그게 어디서 나왔어요?
③ 이거 얼마나 걸렸어요?
④ 그걸 언제 찍었어요?

4）A：우리 아들이 이번에 대학교에 들어가요.
B：（マークシート36）
A：네. 시간이 참 빨리 가네요.

① 벌써 그렇게 됐어요?
② 그냥 이렇게 해요.
③ 그럼 어떻게 돼요?
④ 정말 저렇게 했어요.

問　題

11 文章を読んで、問いに答えなさい。
(マークシートの37番～38番を使いなさい)　〈2点×2問〉

저는 중학교 때 좋아하는 여학생이 있었습니다. 학교에서 만나면 가슴이 뛰고 얼굴만 봐도 좋았습니다. 그 여학생은 웃을 때 얼굴이 꽃처럼 예뻤습니다. (マークシート37) 저는 그 여학생 앞에 서면 아무 말도 못했습니다. 말을 걸고 싶었지만 걸지 못했습니다. 저만 좋아하는 사랑으로 끝이 났지만 가끔은 생각이 나서 혼자 웃을 때가 있습니다.

【問1】 (マークシート37)に入れるのに適切なものを①～④の中から1つ選びなさい。　マークシート37

① 그렇게　② 그러나　③ 그러면　④ 그대로

【問2】 本文の内容と一致するものを①～④の中から1つ選びなさい。
マークシート38

① 지금은 그 여학생을 전혀 생각하지 않습니다.
② 그 여학생이 지금도 가끔 생각납니다.
③ 그 여학생을 만나면 말을 많이 했습니다.
④ 지금도 그 여학생 때문에 울 때가 있습니다.

12 対話文を読んで、問いに答えなさい。
(マークシートの39番〜40番を使いなさい) 〈2点×2問〉

미카 : 이번 학기는 어땠어요?
링링 : 숙제도 많고 시험도 있어서 힘들었어요. 참, 한국어 수업은 어땠어요?
미카 : 한국어 수업이요? 선생님께서 재미있으셔서 아주 좋았어요. 수업 중에 드라마도 보고 노래도 많이 배웠어요.
링링 : 그래요? (マークシート 39)
미카 : 그럼 교과서 사지 마세요. 제가 빌려줄게요.
링링 : 고마워요.

【問1】 (マークシート 39)に入れるのに適切なものを①〜④の中から1つ選びなさい。 マークシート 39

① 저는 교과서가 재미있었어요.
② 저는 한국어 수업이 재미있었어요.
③ 저도 그 선생님 수업을 듣고 싶어요.
④ 시험이 없어서 좋았어요.

【問２】 対話文の内容と一致するものを①～④の中から１つ選びなさい。 マークシート40

① 미카는 한국어 교과서를 가지고 있습니다.
② 미카는 한국어 수업이 힘들었습니다.
③ 링링은 한국어 수업에 관심이 없습니다.
④ 링링은 한국어 교과서를 샀습니다.

解 答 （＊白ヌキ数字が正答番号）

聞きとり 解答と解説

1 絵の内容に合うものを選ぶ問題 〈各 2 点〉

1）【質問】이 사람은 무엇을 하고 있습니까? → この人は何をしていますか？

① 테니스를 치고 있습니다. → テニスをしています。
❷ 창문을 닦고 있습니다. → 窓を拭いています。
③ 달력을 보고 있습니다. → カレンダーを見ています。
④ 콧물을 닦고 있습니다. → 鼻水を拭いています。

学習P 人物が何をしているかを選ぶ問題。-고 있다は「～している」は進行中の動作をあらわす慣用表現。콧물は鼻音化が起きて[콘물]と発音する。

2）【質問】그림에 맞는 설명은 몇 번입니까? → 絵に合う説明は何番ですか？

解　答

① 서 있습니다. → 立っています。

② 치마를 입었습니다. → スカートを履いています。

❸ 머리가 깁니다. → 髪が長いです。

④ 안경을 썼습니다. → メガネをかけています。

学習P 絵の状況を表す文を選ぶ問題。質問文の그림에 맞는「絵に合う」は[그리메 만는]と発音する。-{아／어} 있다「〜している」は서 있다、남아 있다「残っている」、떨어져 있다「落ちている」などのように、状態が続いていることを表す。進行中の動作を表すのではない。

3）【質問】그림에 맞는 설명은 몇 번입니까? → 絵に合う説明は何番ですか？

❶ 달과 별이 보입니다. → 月と星が見えます。

② 하늘에는 아무것도 보이지 않습니다. → 空には何も見えません。

③ 벌써 날이 밝았습니다. → もう夜が明けました。

④ 지금은 낮입니다. → 今は昼です。

学習P 絵の状況を表す文を選ぶ問題。使役・受け身・可能などの単語をセットで覚えておきたい。보다「見る」／보이다「見える・見せる」、듣다「聞く」／들리다「聞こえる」、남다「残る」／남기다「残す」、알다「知る」／알리다「知らせる」などがある。

解　答

2 文の内容に合うものを選ぶ問題　〈各２点〉

1）머리에 쓰는 것입니다. → 頭にかぶるものです。

❶ 모자 → 帽子　② 시계 → 時計
③ 양복 → スーツ、背広　④ 거울 → 鏡

学習P 物を表す名詞を選ぶ問題。쓰다は首から上の範囲に何かを身につける時に用いる。(例) 모자를 쓰다「帽子をかぶる」、안경을 쓰다「めがねをかける」、입다は首の下から足首までの範囲で身につける時に用いる。(例)바지를 입다「ズボンを履く」、양복을 입다「スーツを着る」。

2）얼굴을 씻는 것을 말합니다. → 顔を洗うことを言います。

① 목욕 → 入浴　❷ 세수 → 洗面、洗顔
③ 소개 → 紹介　④ 이용 → 利用

学習P 行為を表す名詞を選ぶ問題。それぞれに-하다をつけると「～する」という動詞になる。

3）영화도 보고 연극도 보는 곳입니다. → 映画も見て演劇も見る所です。

① 고향 → 故郷　② 길거리 → 通り
③ 은행 → 銀行　❹ 극장 → 劇場

学習P 場所を表す名詞を選ぶ問題。②と④では、それぞれ[길꺼리]、[극짱]と濃音化が起きている。

4）학교에 들어가는 것입니다. → 学校に入ることです。

① 학년 → 学年、～年生　❷ 입학 → 入学
③ 초급 → 初級　④ 방학 → 放学、学校の長期休暇

解答

学習P 学校に関する名詞を選ぶ問題。選択肢は全て漢字語である。「学」は音読みで「ガク」と読む。音読みで「-ク」で終わる漢字は終声の「ㄱ」を持つ場合が多い(例)北「ホク：북」、読「ドク：독」。「入」は音読みで「ニュウ」と読む。音読みで「オ段＋ウ」または「拗音＋ウ」で終わる漢字は終声「ㅂ」を持つものが多い(例)答「トウ：답」、級「キュウ：급」。

3 相手の発話を聞いて、それに対する応答文を選ぶ問題（選択肢はハングルで活字表示）〈各2点〉

1）무슨 책을 샀어요? → どんな本を買いましたか？

① 학교에 갔어요. → 学校へ行きました。
② 재미있었어요. → 面白かったです。
③ 열 장 주세요. → 十枚ください。
❹ 소설이요. → 小説です。

学習P -(이)요は、話し言葉で名詞の後ろについて、表現を丁寧にする。

2）입구가 어느 쪽이에요? → 入口はどちらですか？

① 구두는 이쪽에 있어요. → 靴はこちらにあります。
❷ 오른쪽으로 가세요. → 右側に行ってください。
③ 먼저 나갔어요. → 先に出て行きました。
④ 왼쪽에 구두가 있어요. → 左側に靴があります。

学習P 잠깐も잠시〈暫時〉も「しばらくの間」という意味だが、잠깐만요、잠시만요の場合は「お待ちください」という意味の「あいさつ・あいづちなど」の表現になる。여기요は直訳すると「ここです、ここにあります」だが、店のスタッフに声をかけるときなどの「すみません」という意味としても使われる。저기요もよく使われる。

解答

3）할아버지는 연세가 어떻게 되세요? → おじいさんはおいくつですか？

❶ 올해 일흔 셋이세요. → 今年73です。
② 1년밖에 안 됐어요. → 1年しか経っていません。
③ 올해 사장님이 됐어요. → 今年社長になりました。
④ 할아버지는 도쿄에 사세요. → 祖父は東京に住んでいます。

学習P 年齢、名前などを丁寧に尋ねる表現に、-{이／가} 어떻게 되세요?がある。

4）부장님, 지금 하고 있는 일은 언제까지 끝내야 돼요?
→ 部長、今やっている仕事はいつまでに終わらせなければなりませんか？

① 그 일은 한 적이 없어요.
→ その仕事はしたことがありません。
❷ 이번 주말까지 끝내면 돼요.
→ 今週末までに終わらせればいいです。
③ 다음 주까지는 끝내지 못해요.
→ 来週までには終わらせることができません。
④ 저기에 앉아 있으면 돼요.
→ あそこに座っていればいいです。

学習P -{아／어}야 {하다／되다}は「～しなければならない」、-(으)면 되다は「～{すれば／であれば}いい」、-(으)면 안 되다は「～{しては／では}いけない」という慣用表現である。

5）콘서트는 잘 다녀오셨어요? → コンサートは楽しかったですか？

① 잘 찾아왔어요. → よく会いに来てくれました。
② 아주 잘 들려요. → とてもよく聞こえます。

解答

③ 아니요. 가방을 들고 갔어요. → いいえ。かばんを持って行きました。

❹ 네. 정말 재미있었어요. → はい。本当に面白かったです。

学習P 잘を使った表現。잘 갔다왔어요?／잘 다녀오셨어요?の直訳は「無事に(よく)行っていらっしゃいましたか？」となるが、「楽しかったですか？」「面白かったですか？」という意味である。잘 먹었어요の直訳は「よく食べました」となるが、「ごちそうさまでした」という意味である。잘 있었어요?も直訳は「よくいましたか？」だが、「お元気でしたか？」という意味である。

4 内容一致問題（選択肢は日本語で活字表示） 〈各２点〉

1）저는 취미가 정말 많아요. 시간이 있으면 음악도 많이 듣고 여행도 다녀요.

→ 私は趣味が本当に多いです。時間があれば音楽もたくさん聴いて旅行にも行っています。

① 時間があれば音楽を聴きながら歩きます。

② 音楽を聴く時間がほとんどありません。

③ 音楽CDを作るのが趣味です。

❹ 音楽を聴いたり旅行をしたりするのが趣味です。

学習P 本文では여행도 다녀요「旅行にも行っています」となっているが、-도を外し「旅行に行っています」という場合、여행에 다녀요ではなく、여행을 다녀요という。「韓国に旅行に行きたいです」は、한국에 여행을 가고 싶어요という。

2）지난달부터 탁구를 배우고 있습니다. 열심히 연습해서 빨리 시합에 나가고 싶습니다.

→ 先月から卓球を習っています。一生懸命練習して早く試合に出たいです。

解　答

① 先月試合に出て勝ちました。

❷ 早く卓球の試合に出たいです。

③ 一生懸命卓球を教えています。

④ 有名な卓球選手になりたいです。

学習P 나가다は「出る、出ていく」という意味がある。시합에 나가다「試合に出る」。집을 나가다は「家を出る、家を出ていく」という意味と「家出をする」という意味がある。

3）요즘은 핸드폰으로 길을 찾는 사람이 많아요. 유명하지 않은 작은 책방도 카페도 다 나와요.

→ 最近は携帯電話で道を探して訪ねていく人が多いです。有名ではない小さな本屋もカフェも全部出てきます。

❶ 携帯で本屋もカフェも探して行けます。

② 携帯では有名ではないカフェは見つかりません。

③ 携帯に小さな本屋は出てきません。

④ 最近は道に迷う人が多いです。

学習P 길을 찾다は「道を探す」という意味もあるが、「探して訪ねていく」という意味もある。찾아가다「訪ねていく」、찾아오다「訪ねてくる」という言い方も使われる。

4）男：내 머리 어때요? 이상하지 않아요?
女：멋있게 깎으셨네요. 잘 어울리세요.
男：그래요? 고맙습니다.

→ 男：ぼくの髪型はどうですか？ 変じゃないですか？
女：かっこよく刈りましたね。お似合いです。
男：そうですか。ありがとうございます。

解　答

❶ 男性は自分の髪型を気にしています。

② 男性は髪を染めました。

③ 女性は男性の髪型がおかしいと言いました。

④ 女性は男性の髪を切ってあげました。

学習P　머리は「頭」という意味と「髪、髪型、ヘアスタイル」という意味もあり、머리가 어울리다「髪型が似合う」のように使われる時がある。

5）女：점심은 보통 어떻게 해요?

男：회사 식당에서 먹어요. 하지만 요즘은 근처에 맛있는 식당이 생겨서 거기에도 자주 가요.

女：그래요? 뭐가 제일 맛있어요?

男：생선 요리가 가장 맛있어요.

女：값은 어때요?

男：싸지만 회사 식당보다는 좀 비싸요.

→ 女：お昼は普通どうしますか？

男：会社の食堂で食べています。でも最近は近くにおいしい食堂が出来て、そこにもよく行っています。

女：そうですか？ 何が一番おいしいですか？

男：魚料理が一番おいしいです。

女：値段はどうですか？

男：安いけども会社の食堂よりはちょっと高いです。

❶ 男性は最近新しい食堂へよく行きます。

② 男性は魚が好きではありません。

③ 女性はランチの値段は気にしません。

④ 会社の食堂は高いです。

学習P　보통「普通」、요즘「最近」、자주「しょっちゅう」、제일「一番、最も」、가장「最も」、좀「少し」などの副詞と、比較表現の-보다는「～よりは」を覚えておこう。

解　答

5 対話文と選択肢を聞いて【質問】に答える問題 〈各２点〉

1）男：이 옷은 저한테 조금 어둡지 않아요?
女：그러네요. 좀 더 밝은색이 좋겠네요.
男：그럼 밝은 색깔 옷을 보여 주세요.
女：손님, 이것을 한번 입어 보세요.
男：와, 아주 좋네요!

→ 男：この服は私には少し暗くないですか？
女：そうですね。もう少し明るい色がいいですね。
男：それでは明るい色の服を見せてください。
女：お客様、これを試着してみてください。
男：わあ、すごくいいですね！

【質問】 男性がこの後、何をするのかを問う問題

❶ 밝은색 옷을 입어 볼 것입니다.
→ 明るい色の服を試着するでしょう。

② 마음에 드는 옷이 없어서 그냥 갈 것입니다.
→ 気に入った服がないので、そのまま帰るでしょう。

③ 어두운색 옷을 살 것입니다.
→ 暗い色の服を買うでしょう。

④ 다른 옷 집에 갈 것입니다.
→ 別の衣服店に行くでしょう。

学習Ⓟ 形容詞・指定詞の現在連体形をつくる時は-ㄴ／-은を使う。밝다「明るい」と색「色」を用いて「明るい色」とするには、밝-に-은をつけ밝은색とする。「暗い色」の場合、어둡다「暗い」がㅂ変格用言であるため、終声ㅂを우に変え、-ㄴをつけ、어두운색「暗い色」とする。

解　答

2）女：이 약은 어떻게 먹어야 돼요?

男：이 약은 아침, 점심, 저녁 식사 후에 바로 드셔야 해요.

女：식사 후에 약 먹는 것을 잊어버리면 어떻게 돼요?

男：몸에 안 좋은 건 아니니까 시간이 지나도 꼭 드세요.

女：네. 알겠습니다.

→ 女：この薬はどうやって飲めばいいですか？
男：この薬は朝食、昼食、夕食後に直ぐ飲まなければなりません。
女：食事後に薬を飲み忘れたらどうなりますか？
男：体に良くないわけではないので、時間が経っても必ず飲んでください。
女：はい。かしこまりました。

【質問】 内容一致を問う問題

① 남자와 여자는 약을 사러 왔습니다.

→ 男性と女性は薬を買いに来ました。

❷ 이 약은 하루에 세 번 먹어야 합니다.

→ この薬は１日に３回飲まなければなりません。

③ 여자는 약 먹는 것을 잊어버렸습니다.

→ 女性は薬を飲み忘れました。

④ 약은 식사하기 전에 먹어야 합니다.

→ 薬は食事の前に飲まなければなりません。

学習P -{아／어}야 {하다／되다}は「～しなくてはならない／～すべきだ」という慣用表現。약 먹는 것을 잊어버리다は「薬を飲み忘れる【直訳：薬を飲むのを忘れる】」という意味。

3）男：은희 씨, 이번 주말에 시간 있어요?

女：약속은 없어요. 왜요?

男：그러면 식사라도 같이 할까요?

解　答

女：좋아요. 그런데 석우 씨, 갑자기 왜요?

男：지난주에 생일이었죠? 늦었지만 생일을 축하해 주고 싶어서요.

女：제 생일을 기억해 줘서 고마워요. 맛있는 거 사 주세요.

→ 男：ウンヒさん、今週末時間ありますか?
女：約束はありません。どうしてですか?
男：それでは食事でも一緒にしましょうか?
女：いいですね。ところでソグさん、急にどうしたんですか?
男：先週誕生日でしたよね? 遅くなりましたが誕生日を祝ってあげたくて。
女：私の誕生日を覚えていてくれてありがとうございます。おいしいものを奢(おご)ってください。

【質問】 内容一致を問う問題

① 석우는 은희에게 선물을 주었습니다.
→ ソグはウンヒにプレゼントをあげました。

❷ 석우는 은희하고 식사를 하고 싶어합니다.
→ ソグはウンヒと食事をしたがっています。

③ 은희는 주말에 약속이 있습니다.
→ ウンヒは週末に約束があります。

④ 석우는 은희 생일을 몰랐습니다.
→ ソグはウンヒの誕生日を知りませんでした。

学習P -{아／어} 주고 싶다は「～してあげたい」という表現。사 주고 싶다は、「買ってあげたい、奢りたい」。

解　答　（＊白ヌキ数字が正答番号）

筆記 解答と解説

1 発音変化を問う問題 〈各１点〉

1）끝나요 → 終わります

❶［끈나요］　②［끔나요］　③［끙나요］　④［끌라요］

学習P 鼻音化を問う問題。끝は[끋]と発音される。終声ㄱ、ㄷ、ㅂの直後にㄴ、ㅁが来ると終声がそれぞれㅇ、ㄴ、ㅁに鼻音化する。

2）졸업하다 → 卒業する

①［조러바다］❷［조러파다］③［조러빠다］④［졸러파다］

学習P 連音化と激音化を問う問題。졸업は[조럽]と連音化する。終声ㄱ、ㄷ、ㅂの直後に子音ㅎが結合するとㅋ、ㅌ、ㅍに激音化して発音される。

3）생일날 → 誕生日

①［생인날］　❷［생일랄］　③［생닐랄］　④［생닌날］

学習P 流音化を問う問題。終声ㄹの後に初声ㄴが続く場合、又は終声ㄴの後に初声ㄹが続く場合、ㄴはㄹに変わる。例)연락[열락]

4）감지 않고 → (目を)閉じないで

①［감지안꼬］②［감지안고］❸［감찌안코］④［감치안코］

学習P 濃音化と激音化を問う問題。終声ㄴ、ㅁで終わる用言語幹にㄱ、ㄷ、ㅅ、ㅈが続くとそれぞれㄲ、ㄸ、ㅆ、ㅉと濃音化する。パッチムㅎ、ㄶ、ㅀの後にㄱ、ㄷ、ㅈが続くとㅋ、ㅌ、ㅊに激音化して発音される。

解　答

2 日本語に当たる単語の正しいハングル表記を選ぶ問題　〈各１点〉

1）声

① 멋소리　→ ×　　❷ 목소리

③ 몯서리　→ ×　　④ 먹서리　→ ×

学習P 固有語の名詞の正しい表記を選ぶ問題。소리だけでも「声」という意味である。「首」「喉」を意味する목が前についてもやはり「声」である。

2）予定

❶ 예정　　② 애전 → ×

③ 예존 → ×　　④ 애종 → ×

学習P 漢字語の名詞の正しい表記を選ぶ問題。애とつづる漢字は存在しない。「定」は音読みで「テイ」、韓国・朝鮮語で정と読む。中声ㅓまたはㅕと終声ㅇの組み合わせは「エ段＋イ」に当たる場合が多い。例）설명〈説明〉の「明」、여성〈女性〉の「性」、영국〈英国〉の「英」、정도〈程度〉の「程」。

3）帰ってくる

① 덜아오다　→ ×　　❷ 돌아오다

③ 도라오다　→ ×　　④ 덜러오다　→ ×

学習P 動詞の正しい表記を選ぶ問題。돌아오다は「回る」を意味する돌다と「来る」오다から成る。돌아は、돌다の語幹である돌に-아がついた形であるため、도라とつづってはいけない。-{아／어}＋오다の形を持つ動詞に、들어오다「入ってくる」、올라오다「上がってくる」、찾아오다「会いに来る」などがある。

4）最も

① 까장 → ×　　② 가잔 → ×

③ 카잔 → ×　　❹ 가장

学習P 副詞の正しい表記を選ぶ問題。

解　答

3　日本語に当たる単語を選ぶ問題　〈各1点〉

1）器

❶ 그릇 → 器　② 구름 → 雲
③ 그림 → 絵　④ 거리 → 通り

学習P 固有語の名詞を選ぶ問題。

2）結果

① 결정 →〈決定〉決定　❷ 결과 →〈結果〉結果
③ 제목 →〈題目〉題目　④ 건물 →〈建物〉建物

学習P 漢字語の名詞を選ぶ問題。「結果」の韓国・朝鮮語を知らない場合は、音読みをたよりに消去法で選ぼう。「結」は音読みで「ケツ」。「－ツ」は終声のㄹに当たることがほとんどであるため、1文字目に終声のㄹがない③と④が消去できる。

3）守る

① 남기다 → 残す　② 지내다 → 過ごす、暮らす
❸ 지키다 → 守る　④ 다치다 → 怪我(けが)をする

学習P 動詞を選ぶ問題。

4）少ない

① 좁다 → 狭い　② 짜다 → 塩辛い
③ 젊다 → 若い　❹ 적다 → 少ない

学習P 形容詞を選ぶ問題。

5）まず、とりあえず

❶ 우선 → まず、とりあえず
② 무척 → とても、非常に

解 答

③ 전혀　→〈否定の表現を伴って〉まったく、全然

④ 절대로　→ 絶対に

学習P 副詞を選ぶ問題。①の漢字表記は〈于先〉である。〈于先〉から「先に」「まず」をイメージしよう。

4 空欄補充問題(語彙問題)　〈各2点〉

1）교실에서 (담배)를 피우면 안 됩니다.
→ 教室で(タバコ)を吸ってはいけません。

① 노트　→ ノート　② 지도　→ 地図
③ 교수　→ 教授　❹ 담배　→ タバコ

学習P 名詞を選ぶ問題。담배를 {피우다／끊다}は「タバコを{吸う／やめる}」という意味。

2）무하고 배추를 물로 씻어서 저쪽에 (두세요).
→ 大根と白菜は水で洗ってあそこに(置いてください)。

① 부르세요　→ 呼んでください、歌ってください
② 끄세요　→ 消してください
❸ 두세요　→ 置いてください
④ 찍으세요　→ 撮ってください、押してください

学習P 動詞を選ぶ問題。두다は「置く」という意味。두다は物をしまっておくイメージがある。놓다は家具や装置などを「置く、設置する」場合に使われる。

3）빌린 책을 (아직) 돌려주지 않았습니다.
→ 借りた本を(まだ)返していません。

解　答

❶ 아직　→ まだ　　② 어서　→ はやく
③ 혹시　→ 万一、もしも　　④ 매우　→ 非常に、とても

学習P 副詞を選ぶ問題。아직 動詞の語幹 -지 않았습니다で「まだ～していません」。

5 空欄補充問題（語彙問題）　〈各 2 点〉

1）A : 일본 사람들은 밥을 먹을 때 뭐로 먹어요?
B : 보통 (젓가락) 으로 먹어요.
→ A : 日本人はご飯を食べる時、何で食べますか？
B : 普通（箸）で食べます。

❶ 젓가락　→ 箸　　② 식당　→ 食堂
③ 부엌　→ 台所　　④ 슈퍼마켓　→ スーパーマーケット

学習P 名詞を選ぶ問題。①の젓가락や숟가락「スプーン」、손가락「指」の가락は、細長い棒状のものを意味する。助詞 -(으)로は、a.道具・手段など「지하철로(地下鉄で)」、b.資格・立場など「선생님으로(先生として)」、c.方向など「북쪽으로(北へ)」などの意味があり、この対話文ではa.の意味で用いられている。

2）A : 한국말이 많이 늘었네요!
B : 네. 열심히 공부했거든요. 지금은 뉴스도 잘 (알아들어요.)
→ A : 韓国語がすごく上手になりましたね！
B : はい。一生懸命勉強したんです。今はニュースもよく（聞き取れます。）

① 도와줘요.　→ 助けます。　　❷ 알아들어요.　→ 聞き取れます。
③ 돌아가요.　→ 帰ります。　　④ 모자라요.　→ 足りません。

学習P 動詞を選ぶ問題。알아듣다は알다「分かる、知る」と듣다「聞く」から成る合成語で「(聞いて)理解する、聞き取る」という意味である。

解　答

3）A：많이 기다리셨지요?

B：아니에요.

A：미안해요.（갑자기）일이 생겨서 늦었어요.

→ A：長くお待たせいたしました。
B：いいえ。
A：すみません。(急に)用事が出来て遅れました。

① 벌써 → すでに、もう　② 아직까지 → 未だに、まだ、今まで
③ 앞으로 → 今後、将来　❹ 갑자기 → 急に

学習P 副詞を選ぶ問題。갑자기は「突然、急に」という意味。

6 下線部と置き換えが可能なものを選ぶ問題　〈各２点〉

1）아침 일찍 전화가 와서 <u>일어났어요</u>.

→ 朝早く電話が来て<u>起きました</u>。

① 잠이 들었어요 → 寝付きました
② 잠이 왔어요 → 眠くなりました
③ 잠을 잤어요 → 寝ました
❹ 잠이 깼어요 → 眠りから覚めました

学習P 잠は動詞の자다「寝る」の語幹の자に-ㅁがついて名詞「眠り」になった。깨다は「覚める、覚ます」という意味。

2）여기에 <u>성함을</u> 써 주세요.

→ ここに<u>お名前を</u>書いてください。

解　答

① 나이를　→ 歳を　　❷ 이름을　→ 名前を
③ 직업을　→ 職業を　　④ 주소를　→ 住所を

学習P 성함は이름「名前」の尊敬語。이름을 짓다は「名前をつける」という意味になる。나이の尊敬語は연세になる。나이를 먹다「年をとる」、나이가 들다「年をとる」、나이가 많다「年取っている」という表現がある。

7 下線部の動詞、形容詞の辞書形(原形・基本形)として正しいものを選ぶ問題 〈各１点〉

１）돈을 모아서 여행을 가고 싶어요.
→ お金を貯めて旅行に行きたいです。

❶ 모으다　→ 集める、ためる　　② 모아서다　→ ×
③ 모아다　→ ×　　④ 모우다　→ ×

学習P 으語幹用言の辞書形を選ぶ問題。기쁘다は기쁘고、기쁘니、기뻐서のように活用する。으語幹用言には쓰다、고프다、나쁘다、바쁘다、아프다、크다、끄다、뜨다、슬프다、예쁘다などがある。

２）여기에 좀 누워도 될까요?
→ ここで少し横になってもいいですか？

① 눕우다　→ ×　　② 누워다　→ ×
③ 누우다　→ ×　　❹ 눕다　→ 横たわる

学習P ㅂ変格用言の辞書形を選択する問題。어둡다は어둡고、어두우니、어두워서のように活用する。ㅂ変格用言には가깝다、고맙다、덥다、반갑다、쉽다、어렵다、춥다、눕다、가볍다、맵다、무겁다、아름답다、어둡다などがある。

解　答

3）회사까지는 <u>걸어서</u> 10분 정도 걸립니다.

→ 会社までは<u>歩いて</u>10分くらいかかります。

① 걸다　→ ×　　❷ 걷다　→ 歩く

③ 걸어다　→ ×　　④ 것다　→ ×

学習P　ㄷ変格用言の辞書形を選択する問題。묻다は묻고、물으니、물어서、물었다のように活用する。ㄷ変格用言には걷다、듣다、묻다、알아듣다などがある。

4）여기에 오면 시간이 빨리 <u>흘러</u> 가요.

→ ここに来ると時間が早く<u>流れて</u>いきます。

① 흐러다　→ ×　　② 흘르다　→ ×

❸ 흐르다　→ 流れる　　④ 흘러다　→ ×

学習P　르変格用言の辞書形を選択する問題。흐르다は흐르고、흐르니、흘러서のように活用する。르変格用言には다르다、오르다、모르다、부르다などがある。

5）작년 봄에 집을 <u>지었어요</u>.

→ 去年の春に家を<u>建てました</u>。

① 지으다　→ ×　　② 지다　→ ×

③ 지어다　→ ×　　❹ 짓다　→ 建てる

学習P　ㅅ変格用言の辞書形を選択する問題。짓다は짓고、지으니、지어서のように活用する。ㅅ変格用言には낫다「治る」、붓다「注ぐ（３級）」、낫다「ましだ（３級）」などがある。

解 答

8 空欄補充問題(文法問題) 〈各２点〉

1）친구(한테서) 이메일이 왔어요. → 友達(から)メールが来ました。

① 께 → ～に　❷ 한테서 → ～から
③ 에 → ～に　④ 밖에 → ～しか

学習P 文脈に合う助詞を選ぶ問題。-한테서は「～(人・動物)から、～(人・動物)に」の意味で話し言葉に用いられ、書き言葉では-에게서が用いられる。①-께「～に」は、-에게、-한테の尊敬形である。(例)선생님께 선물을 드려요「先生に贈り物を差し上げます」。④-밖에は否定表現と共に用いられる。돈밖에 없어요「お金しかありません」などのように使う。

2）어제는 감기가 (들어서) 공부를 못 했습니다.
→ 昨日は風邪を(ひいて)勉強ができませんでした。

❶ 들어서 → ひいて　② 들었지만 → ひいたが
③ 들려고 → ひこうと　④ 들어도 → ひいても

学習P 文脈に合う語尾を選ぶ問題。①-{아／어}서は「～して」、②-{았／었}지만は「～したが」、③-(으)려고は「～しようと」、④-{아／어}도は「～{して／であって}も」。

3）A：민수 씨는 꿈이 뭐예요?
B：나는 농구 선수(가) 되고 싶어요.
→ A：ミンスさんの夢は何ですか？
B：ぼくはバスケットボールの選手(に)なりたいです。

① 에 → ～に　② 에서 → ～で
❸ 가 → ～に　④ 께 → ～に

解　答

学習P 文脈に合う助詞を選ぶ問題。-{가／이} 되다の形で「～になる、～となる」の意となり、-{가／이} 되고 싶다の形で「～になりたい」の意になる。

4）A：일본말은 언제 배웠어요?

B：대학교 (다닐 때) 배웠어요.

→ A：日本語はいつ習いましたか？

B：大学に(通っていた時)に習いました。

① 다닌 이상 → 通った以上

② 다닌 정도로 → 通った程度で

❸ 다닐 때 → 通っていた時

④ 다니는 걸로 → 通っていることで

学習P 文脈に合う慣用表現を選ぶ問題。-(으)ㄹ 때(에)「～(する／している／である)時(に)」は、対話文２行目のように、過去形の文の中でも用いられる。

9 場面や状況に合わせた適切なあいさつやよく使う表現を選ぶ問題 〈各１点〉

1）お酒の席でグラスをかかげるとき

① 뭘요. → いえいえ／とんでもないです。

② 글쎄요. → さあ…、そうですね。

③ 참! → そういえば／あっ、そうだ！

❹ 건배! → 乾杯！

学習P ③は、忘れていたことを急に思い出した時に発する「そういえば」「あっ、そうだ」に当たる。

2）食事を勧めるとき

① 고마웠어요. → ありがとうございました。

❷ 많이 드세요. → たくさん召し上がってください。

③ 잘 먹었어요. → ごちそうさまでした。

④ 천만에요. → どういたしまして／とんでもないです。

学習P ②の드세요は、먹다と마시다の尊敬語드시다「召し上がる」の命令形である。

10 空欄補充問題（対話問題） 〈各2点〉

1）A：공항에 도착하면 바로 연락 주세요.

B：(그렇게 할게요.)

A：그럼, 전화 기다리고 있겠습니다.

→ A：空港に着いたらすぐ連絡ください。

B：（そうします。）

A：では、お電話お待ちしております。

① 잊으면 안 돼요. → 忘れたらいけません。

② 제가 연락했습니다. → 私が連絡しました。

③ 조금 전에 도착했습니다. → 少し前に到着しました。

❹ 그렇게 할게요. → そうします。

学習P ④の-(으)ㄹ게요は、「～しますよ、～しますからね」と、聞き手に約束したり自分の意志を表したりする。

2）A：이 방은 어떠세요? 마음에 드세요?

B：(조금 더 넓은 방은 없어요?)

A：그러시면 다른 방을 보여 드리겠습니다.

解　答

→ A：この部屋はいかがですか？ お気に召しましたか？
B：(もう少し広い部屋はありませんか？)
A：それでは他の部屋をお見せします。

❶ 조금 더 넓은 방은 없어요?

→ もう少し広い部屋はありませんか？

② 생각보다 안 비싸고 좋네요.

→ 思ったより高くなくていいですね。

③ 네. 정말 마음에 듭니다.

→ はい。本当に気に入りました。

④ 네. 이 방으로 하겠습니다.

→ はい。この部屋にします。

学習Ⓟ 마음에 들다は「気にいる、好ましく思う」と言う意味。「もう少し」は조금 더と言うが、더 조금とは言わない。「思ったより」は생각 보다と言う。

3）A：이거 옛날에 서울 갔을 때 찍은 사진 아니에요?
B：(그게 어디서 나왔어요?)
A：고향 집에서 찾았어요.

→ A：これ昔ソウルに行った時撮った写真じゃないですか？
B：(それはどこから出てきたんですか？)
A：故郷の家で見つけました。

① 그때 누가 찾았어요?　→ その時、誰が見つけましたか？

❷ 그게 어디서 나왔어요?　→ それはどこから出てきたんですか？

③ 이거 얼마나 걸렸어요?　→ これどれくらいかかりましたか？

④ 그걸 언제 찍었어요?　→ それをいつ撮ったんですか？

学習Ⓟ 「どこから」は어디에서または어디서と言う。찾다は「探す、見つける、取り戻す、(お金などを)おろす、訪ねる、求める」などの意味がある。

解　答

4）A：우리 아들이 이번에 대학교에 들어가요.
B：(벌써 그렇게 됐어요?)
A：네. 시간이 참 빨리 가네요.

→ A：うちの息子が今度大学に入ります。
B：（もうそんなになったんですか？）
A：はい。時間が本当に早いですね。

❶ 벌써 그렇게 됐어요?　→ もうそんなになったんですか?
② 그냥 이렇게 해요.　→ ただ、そうしましょう。
③ 그럼 어떻게 돼요?　→ では、どうなりますか?
④ 정말 저렇게 했어요.　→ 本当にあのようにしました。

学習P ①の벌써は、「思ったより早く」という意味の「もう」である。벌써には他に、「すでに、とっくに」という意味がある。

解　答

11 読解問題 〈各 2 点〉

저는 중학교 때 좋아하는 여학생이 있었습니다. 학교에서 만나면 가슴이 뛰고 얼굴만 봐도 좋았습니다. 그 여학생은 웃을 때 얼굴이 꽃처럼 예뻤습니다. (그러나) 저는 그 여학생 앞에 서면 아무 말도 못했습니다. 말을 걸고 싶었지만 걸지 못했습니다. 저만 좋아하는 사랑으로 끝이 났지만 가끔은 생각이 나서 혼자 웃을 때가 있습니다.

[日本語訳]

私は中学校の時、好きな女子学生がいました。学校で会ったら胸がどきどきして顔をみるだけでも良かったです。その女子学生は笑う時顔が花のようにきれいでした。(しかし)私はその女子学生の前に立つと何も言えませんでした。話しかけたかったけどかけられませんでした。私だけが好きな恋で終わりましたが、たまに思い出して一人で笑う時があります。

【問 1】 空欄補充問題

① 그렇게 → そのように
❷ 그러나 → しかし
③ 그러면 → それなら、そうすれば
④ 그대로 → そのまま

学習P ②그러나の他に、그런데、하지만も可能である。

解　答

【問２】 内容の一致を問う問題

① 지금은 그 여학생을 전혀 생각하지 않습니다.

→ 今はその女子学生のことを全然考えません。

❷ 그 여학생이 지금도 가끔 생각납니다.

→ その女子学生が今も時々思い出されます。

③ 그 여학생을 만나면 말을 많이 했습니다.

→ その女子学生に会ったら、たくさん話しました。

④ 지금도 그 여학생 때문에 울 때가 있습니다.

→ 今もその女子学生のせいで、泣く時があります。

学習Ⓟ 생각を用いた表現に、생각을 하다「考える、思う」、생각이 나다「思い出す」、생각이 들다「気がする」などがある。

12 読解問題 〈各２点〉

미카 : 이번 학기는 어땠어요?

링링 : 숙제도 많고 시험도 있어서 힘들었어요. 참, 한국어 수업은 어땠어요?

미카 : 한국어 수업이요? 선생님께서 재미있으셔서 아주 좋았어요. 수업 중에 드라마도 보고 노래도 많이 배웠어요.

링링 : 그래요? (저도 그 선생님 수업을 듣고 싶어요.)

미카 : 그럼 교과서 사지 마세요. 제가 빌려줄게요.

링링 : 고마워요.

解　答

［日本語訳］

ミ　　カ：今学期はどうでしたか？

リンリン：宿題も多くて試験もあって大変でした。あ、韓国語の授業はどうでしたか？

ミ　　カ：韓国語の授業ですか？ 先生が面白くてとても良かったです。授業中にドラマも見て歌もたくさん習いました。

リンリン：そうですか。(私もその先生の授業を受けたいです。)

ミ　　カ：それでは、教科書を買わないでください。私が貸してあげますよ。

リンリン：ありがとうございます。

【問１】 空欄補充問題

① 저는 교과서가 재미있었어요.

→ 私は教科書が面白かったです。

② 저는 한국어 수업이 재미있었어요.

→ 私は韓国語の授業が面白かったです。

❸ 저도 그 선생님 수업을 듣고 싶어요.

→ 私もその先生の授業を受けたいです。

④ 시험이 없어서 좋았어요.

→ 試験がなくてよかったです。

学習Ⓟ ③の-고 싶다は、話し手または聞き手の希望・願望を表す時に用いる。第三者の希望・願望を表す時は、-고 싶어하다を用いる。(例)미카는 그 수업을 듣고 싶어해요「ミカはその授業を受けたがっています」。

解　答

【問２】 内容の一致を問う問題

❶ 미카는 한국어 교과서를 가지고 있습니다.

→ ミカは韓国語の教科書を持っています。

② 미카는 한국어 수업이 힘들었습니다.

→ ミカは韓国語の授業が大変でした。

③ 링링은 한국어 수업에 관심이 없습니다.

→ リンリンは韓国語の授業に興味がありません。

④ 링링은 한국어 교과서를 샀습니다.

→ リンリンは韓国語の教科書を買いました。

学習Ⓟ ①の가지다は、「持つ」、「所有する」という意味である。一方、들다は、「手に持っている、持ち上げる」という意味である。

４級聞きとり 正答と配点

●40点満点

問題	設問	マークシート番号	正　答	配　点
1	1)	1	②	2
	2)	2	③	2
	3)	3	①	2
2	1)	4	①	2
	2)	5	②	2
	3)	6	④	2
	4)	7	②	2
3	1)	8	④	2
	2)	9	②	2
	3)	10	①	2
	4)	11	②	2
	5)	12	④	2
4	1)	13	④	2
	2)	14	②	2
	3)	15	①	2
	4)	16	①	2
	5)	17	①	2
5	1)	18	①	2
	2)	19	②	2
	3)	20	②	2
合　計				40

４級筆記　正答と配点

●60点満点

問題	設問	マークシート番号	正答	配点
1	1)	1	①	1
	2)	2	②	1
	3)	3	②	1
	4)	4	③	1
2	1)	5	②	1
	2)	6	①	1
	3)	7	②	1
	4)	8	④	1
3	1)	9	①	1
	2)	10	②	1
	3)	11	③	1
	4)	12	④	1
	5)	13	①	1
4	1)	14	④	2
	2)	15	③	2
	3)	16	①	2
5	1)	17	①	2
	2)	18	②	2
	3)	19	④	2
6	1)	20	④	2
	2)	21	②	2

問題	設問	マークシート番号	正答	配点
7	1)	22	①	1
	2)	23	④	1
	3)	24	②	1
	4)	25	③	1
	5)	26	④	1
8	1)	27	②	2
	2)	28	①	2
	3)	29	③	2
	4)	30	③	2
9	1)	31	④	1
	2)	32	②	1
10	1)	33	④	2
	2)	34	①	2
	3)	35	②	2
	4)	36	①	2
11	問 1	37	②	2
	問 2	38	②	2
12	問 1	39	③	2
	問 2	40	①	2
合　計				60

반절표(反切表)

		【1】	【2】	【3】	【4】	【5】	【6】	【7】	【8】	【9】	【10】
	母音 子音	ㅏ [a]	ㅑ [ja]	ㅓ [ɔ]	ㅕ [jɔ]	ㅗ [o]	ㅛ [jo]	ㅜ [u]	ㅠ [ju]	ㅡ [ɯ]	ㅣ [i]
【1】	ㄱ [k/g]	가	갸	거	겨	고	교	구	규	그	기
【2】	ㄴ [n]	나	냐	너	녀	노	뇨	누	뉴	느	니
【3】	ㄷ [t/d]	다	댜	더	뎌	도	됴	두	듀	드	디
【4】	ㄹ [r/l]	라	랴	러	려	로	료	루	류	르	리
【5】	ㅁ [m]	마	먀	머	며	모	묘	무	뮤	므	미
【6】	ㅂ [p/b]	바	뱌	버	벼	보	뵤	부	뷰	브	비
【7】	ㅅ [s/ʃ]	사	샤	서	셔	소	쇼	수	슈	스	시
【8】	ㅇ [無音/ŋ]	아	야	어	여	오	요	우	유	으	이
【9】	ㅈ [tʃ/dʒ]	자	쟈	저	져	조	죠	주	쥬	즈	지
【10】	ㅊ [tʃ^h]	차	챠	처	쳐	초	쵸	추	츄	츠	치
【11】	ㅋ [k^h]	카	캬	커	켜	코	쿄	쿠	큐	크	키
【12】	ㅌ [t^h]	타	탸	터	텨	토	툐	투	튜	트	티
【13】	ㅍ [p^h]	파	퍄	퍼	펴	포	표	푸	퓨	프	피
【14】	ㅎ [h]	하	햐	허	혀	호	효	후	휴	흐	히
【15】	ㄲ [ˀk]	까	꺄	꺼	껴	꼬	꾜	꾸	뀨	끄	끼
【16】	ㄸ [ˀt]	따	땨	떠	뗘	또	뚀	뚜	뜌	뜨	띠
【17】	ㅃ [ˀp]	빠	뺘	뻐	뼈	뽀	뾰	뿌	쀼	쁘	삐
【18】	ㅆ [ˀs]	싸	쌰	써	쎠	쏘	쑈	쑤	쓔	쓰	씨
【19】	ㅉ [ˀtʃ]	짜	쨔	쩌	쪄	쪼	쬬	쭈	쮸	쯔	찌

【11】	【12】	【13】	【14】	【15】	【16】	【17】	【18】	【19】	【20】	【21】
ㅐ [ɛ]	ㅒ [jɛ]	ㅔ [e]	ㅖ [je]	ㅘ [wa]	ㅙ [wɛ]	ㅚ [we]	ㅝ [wɔ]	ㅞ [we]	ㅟ [wi]	ㅢ [ɯi]
개	걔	게	계	과	괘	괴	궈	궤	귀	긔
내	냬	네	녜	놔	놰	뇌	눠	눼	뉘	늬
대	댸	데	뎨	돠	돼	되	둬	뒈	뒤	듸
래	럐	레	례	롸	뢔	뢰	뤄	뤠	뤼	릐
매	먜	메	몌	뫄	뫠	뫼	뭐	뭬	뮈	믜
배	뱨	베	볘	봐	봬	뵈	붜	붸	뷔	븨
새	섀	세	셰	솨	쇄	쇠	숴	쉐	쉬	싀
애	얘	에	예	와	왜	외	워	웨	위	의
재	쟤	제	졔	좌	좨	죄	줘	줴	쥐	즤
채	챼	체	쳬	촤	쵀	최	춰	췌	취	츼
캐	컈	케	켸	콰	쾌	쾨	쿼	퀘	퀴	킈
태	턔	테	톄	톼	퇘	퇴	퉈	퉤	튀	틔
패	퍠	페	폐	퐈	퐤	푀	풔	풰	퓌	픠
해	햬	헤	혜	화	홰	회	훠	훼	휘	희
깨	꺠	께	꼐	꽈	꽤	꾀	꿔	꿰	뀌	끠
때	떄	떼	뗴	똬	뙈	뙤	뚸	뛔	뛰	띄
빼	뺴	뻬	뼤	뽜	뽸	뾔	뿨	쀄	쀠	쁴
쌔	썌	쎄	쎼	쏴	쐐	쐬	쒀	쒜	쒸	씌
째	쨰	쩨	쪠	쫘	쫴	쬐	쭤	쮀	쮜	쯰

ㅎ

ㄱ

「ハングル」能力検定試験

資　料

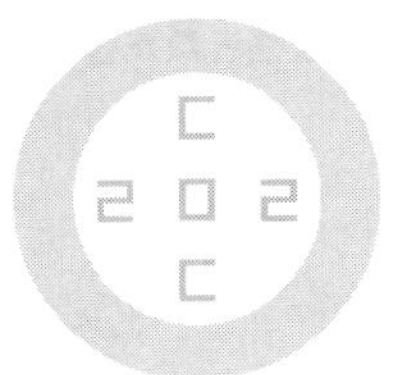

2023年春季　第59回検定試験状況

●試験の配点と平均点・最高点

級	配点（100点満点中）			全国平均点			全国最高点		
	聞・書	筆記	合格点（以上）	聞・書	筆記	合計	聞・書	筆記	合計
1級	40	60	70	20	32	52	37	52	89
2級	40	60	70	24	32	56	38	54	90
準2級	40	60	70	25	39	64	40	60	100
3級	40	60	60	27	42	69	40	60	100
4級	40	60	60	29	45	74	40	60	100
5級	40	60	60	31	48	79	40	60	100

●出願者・受験者・合格者数など

	出願者数（人）	受験者数（人）	合格者数（人）	合格率	累計（1回～59回）		
					出願者数	受験者数	合格者数
1級	120	106	20	18.9%	5,427	4,943	578
2級	426	370	70	18.9%	27,286	24,332	3,673
準2級	1,204	1,055	434	41.1%	67,127	60,469	20,295
3級	2,559	2,218	1,669	75.2%	125,899	112,040	62,084
4級	3,178	2,713	2,151	79.3%	150,593	133,468	98,508
5級	2,966	2,519	2,157	85.6%	136,885	121,362	98,497
合計	10,453	8,981	6,501	72.4%	514,160	457,486	283,721

※累計の各合計数には第18回～第25回までの準1級出願者、受験者、合格者数が含まれます。

■年代別出願者数

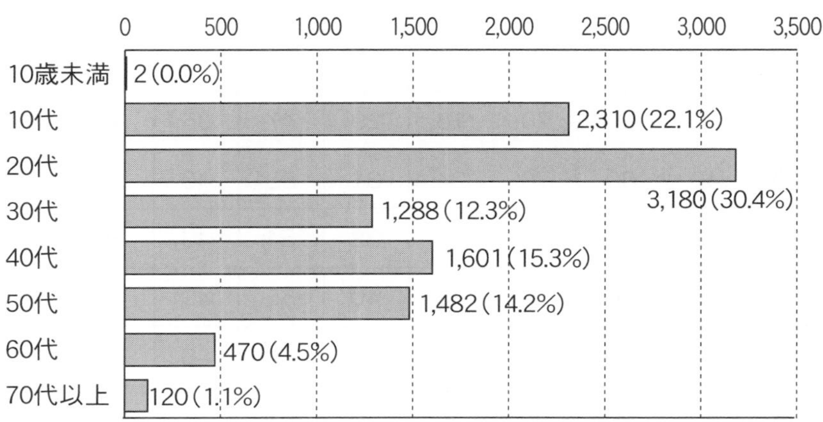
0
500
1,000
1,500
2,000
2,500
3,000
3,500
10歳未満
2(0.0%)
10代
2,310(22.1%)
20代
3,180(30.4%)
30代
1,288(12.3%)
40代
1,601(15.3%)
50代
1,482(14.2%)
60代
470(4.5%)
70代以上
120(1.1%)

■職業別出願者数

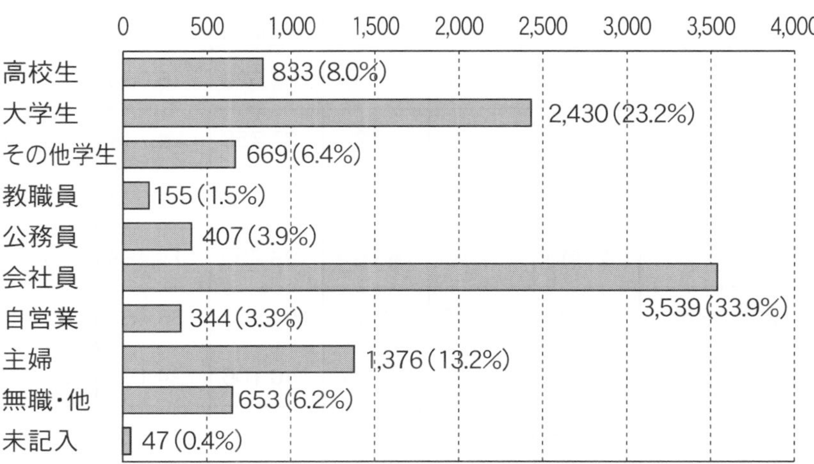
0
500
1,000
1,500
2,000
2,500
3,000
3,500
4,000
高校生
833(8.0%)
大学生
2,430(23.2%)
その他学生
669(6.4%)
教職員
155(1.5%)
公務員
407(3.9%)
会社員
3,539(33.9%)
自営業
344(3.3%)
主婦
1,376(13.2%)
無職・他
653(6.2%)
未記入
47(0.4%)

2023年秋季　第60回検定試験状況

●試験の配点と平均点・最高点

級	配点（100点満点中）			全国平均点			全国最高点		
	聞・書	筆記	合格点（以上）	聞・書	筆記	合計	聞・書	筆記	合計
1級	40	60	70	18	29	47	35	49	83
2級	40	60	70	24	31	55	40	55	95
準2級	40	60	70	22	32	54	40	60	100
3級	40	60	60	25	40	65	40	60	100
4級	40	60	60	30	44	74	40	60	100
5級	40	60	60	33	48	81	40	60	100

●出願者・受験者・合格者数など

	出願者数（人）	受験者数（人）	合格者数（人）	合格率	累計（1回～60回）		
					出願者数	受験者数	合格者数
1級	102	93	6	6.5%	5,529	5,036	584
2級	472	412	75	18.2%	27,758	24,744	3,748
準2級	1,385	1,209	225	18.6%	68,512	61,678	20,520
3級	2,801	2,443	1,558	63.8%	128,700	114,483	63,642
4級	3,422	2,991	2,336	78.1%	154,015	136,459	100,844
5級	3,221	2,788	2,376	85.2%	140,106	124,150	100,873
合計	11,403	9,936	6,576	66.2%	525,563	467,422	290,297

※累計の各合計数には第18回～第25回までの準1級出願者、受験者、合格者数が含まれます。

■年代別出願者数

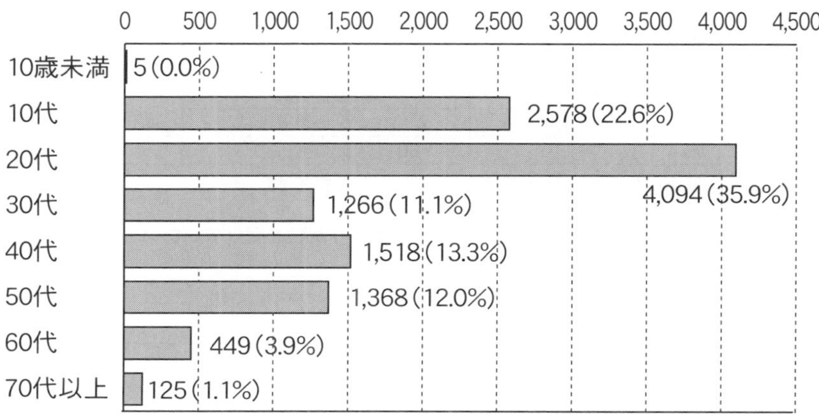

0
500
1,000
1,500
2,000
2,500
3,000
3,500
4,000
4,500
10歳未満
5(0.0%)
10代
2,578(22.6%)
20代
4,094(35.9%)
30代
1,266(11.1%)
40代
1,518(13.3%)
50代
1,368(12.0%)
60代
449(3.9%)
70代以上
125(1.1%)

■職業別出願者数

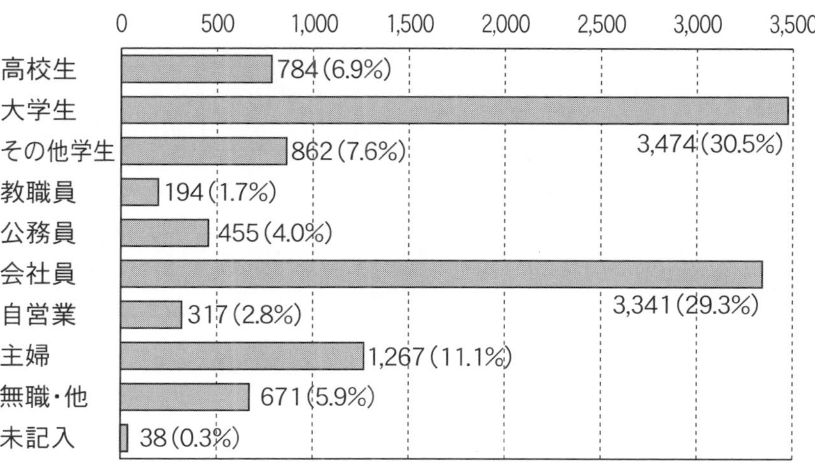

0
500
1,000
1,500
2,000
2,500
3,000
3,500
高校生
784(6.9%)
大学生
3,474(30.5%)
その他学生
862(7.6%)
教職員
194(1.7%)
公務員
455(4.0%)
会社員
3,341(29.3%)
自営業
317(2.8%)
主婦
1,267(11.1%)
無職・他
671(5.9%)
未記入
38(0.3%)

●合格ラインと出題項目一覧について

◇合格ライン

	聞きとり		筆記		合格点
	配点	必須得点(以上)	配点	必須得点(以上)	100点満点中(以上)
5級	40		60		60
4級	40		60		60
3級	40	12	60	24	60
準2級	40	12	60	30	70
2級	40	16	60	30	70
	聞きとり・書きとり		筆記・記述式		
	配点	必須得点(以上)	配点	必須得点(以上)	
1級	40	16	60	30	70

◆解答は、５級から２級まではすべてマークシート方式です。
１級は、マークシートと記述による解答方式です。

◆５、４級は合格点(60点)に達していても、聞きとり試験を受けていないと不合格になります。

◇出題項目一覧

		初級		中級		上級	
		5級	4級	3級	準2級	2級	1級
学習時間の目安		40時間	80	160	240～300	—	—
発音と文字						＊	＊
正書法							
語彙							
	擬声擬態語			＊	＊		
	接辞、依存名詞						
	漢字						
文法項目と慣用表現							
連語							
四字熟語					＊		
慣用句							
ことわざ							
縮約形など							
表現の意図							
テクストの理解と産出	内容理解						
	接続表現	＊	＊				
	指示詞	＊	＊				

※灰色部分が、各級の主な出題項目です。
「＊」の部分は、個別の単語として取り扱われる場合があることを意味します。

協会発行書籍案内　협회 발간 서적 안내

「ハングル」検定公式テキスト
ペウギ 準2級/３級/４級/５級

ハン検公式テキスト。これで合格を
目指す！　暗記用赤シート付。
準2級/2,970円（税込）※CD付き
3級/2,750円（税込）
5級、4級/各2,420円（税込）
※A5版、音声ペン対応

合格トウミ【改訂版】
初級編 / 中級編 / 上級編

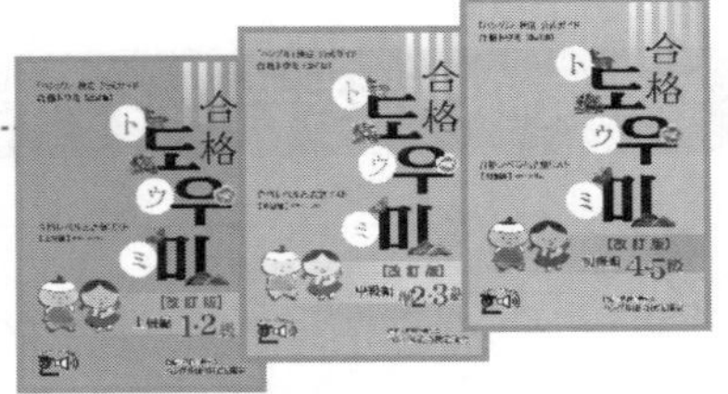

レベル別に出題語彙、慣用句、慣用表現
等をまとめた受験者必携の一冊。
暗記用赤シート付。
初級編/1,760円（税込）
中級編、上級編/2,420円（税込）
※A5版、音声ペン対応

中級以上の方のためのリスニングBOOK
読む・書く「ハン検」

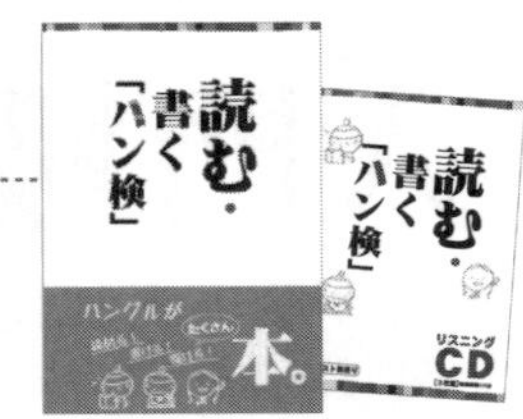

長文をたくさん読んで「読む力」を鍛える！
1,980円（税込）
※A5版、音声ペン対応
別売CD/1,650円（税込）

ハン検 過去問題集（ＣＤ付）

年度別に試験問題を収録した過去問題集。
学習に役立つワンポイントアドバイス付！
１、２級/各2,200円（税込）
準２、３級/各1,980円（税込）
４、５級/各1,760円（税込）
※2021年版のみレベル別に収録。

★☆★詳細は協会ホームページから！★☆★

協会書籍対応　音声ペン

対応書籍にタッチするだけでネイティブの発音が聞ける。
合格トウミ、読む書く「ハン検」、ペウギ各級に対応。

※音声ペンは「**ハン検オンラインショップ**」からご購入いただけます。

〈ハン検オンラインショップ〉 **https://hanken.theshop.jp**

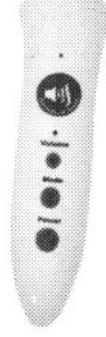

好評発売中

2023年版 ハン検公式 過去問題集
（リスニングサイト・音声ダウンロード）

2022年第57回、58回分の試験問題を級別に収録、公式解答・解説付！

１級、２級	各2,420円（税込）
準２級、３級	各2,200円（税込）
４級、５級	各1,980円（税込）

購入方法

①全国主要書店でお求めください。（すべての書店でお取り寄せできます）

②当協会へ在庫を確認し、下記いずれかの方法でお申し込みください。
【方法１：郵便振替】
振替用紙の通信欄に書籍名と冊数を記入し代金と送料をお支払いください。
お急ぎの方は振込受領書をコピーし、書籍名と冊数、送付先と氏名をメモ書きにしてFAXでお送りください。
◆口座番号：00160－5－610883
◆加入者名：ハングル能力検定協会
（送料1冊350円、2冊目から1冊増すごとに100円増、10冊以上は無料）
【方法２：代金引換え】
書籍代金（税込）以外に別途、送料と代引き手数料がかかります。詳しくは協会へお問い合わせください。

③協会ホームページの「書籍販売」ページからインターネット注文ができます。
（https://www.hangul.or.jp）

2024年版「ハングル」能力検定試験

公式 過去問題集〈4級〉

2024年3月1日発行

編　著　特定非営利活動法人
ハングル能力検定協会

発　行　特定非営利活動法人
ハングル能力検定協会
〒101-0051 東京都千代田区神田神保町2-22-5 F
TEL 03-5858-9101　FAX 03-5858-9103
https://www.hangul.or.jp

製　作　現代綜合出版印刷株式会社

定価 1,980円（税10%）
HANGUL NOURYOKU KENTEIKYOUKAI
ISBN 978-4-910225-26-5　C0087　¥1800E

「ハングル」能力検定試験

マークシート
見　本
（70%縮小）

個人情報欄 ※必ずご記入ください

受験級
2 級 … ○
準2級 … ○
3 級 … ○
4 級 … ○
5 級 … ○

受験地コード			
⓪	⓪	⓪	⓪
①	①	①	①
②	②	②	②
③	③	③	③
④	④	④	④
⑤	⑤	⑤	⑤
⑥	⑥	⑥	⑥
⑦	⑦	⑦	⑦
⑧	⑧	⑧	⑧
⑨	⑨	⑨	⑨

受験番号			
⓪	⓪	⓪	⓪
①	①	①	①
②	②	②	②
③	③	③	③
④	④	④	④
⑤	⑤	⑤	⑤
⑥	⑥	⑥	⑥
⑦	⑦	⑦	⑦
⑧	⑧	⑧	⑧
⑨	⑨	⑨	⑨

生まれ月日			
	月		日
⓪	⓪	⓪	⓪
①	①	①	①
	②	②	②
	③	③	③
	④		④
	⑤		⑤
	⑥		⑥
	⑦		⑦
	⑧		⑧
	⑨		⑨

氏名	
受験地	

（記入心得）

1. ＨＢ以上の黒鉛筆またはシャープペンシルを使用してください。（ボールペン・マジックは使用不可）
2. 訂正するときは、消しゴムで完全に消してください。
3. 枠からはみ出さないように、ていねいに塗りつぶしてください。

（記入例）解答が「１」の場合

良い例	●	②	③	④	
悪い例	レ点	線	バッテン	点	うすい

聞きとり

1	①	②	③	④
2	①	②	③	④
3	①	②	③	④
4	①	②	③	④
5	①	②	③	④
6	①	②	③	④
7	①	②	③	④
8	①	②	③	④
9	①	②	③	④
10	①	②	③	④
11	①	②	③	④
12	①	②	③	④
13	①	②	③	④
14	①	②	③	④
15	①	②	③	④
16	①	②	③	④
17	①	②	③	④
18	①	②	③	④
19	①	②	③	④
20	①	②	③	④

筆　記

1	①	②	③	④
2	①	②	③	④
3	①	②	③	④
4	①	②	③	④
5	①	②	③	④
6	①	②	③	④
7	①	②	③	④
8	①	②	③	④
9	①	②	③	④
10	①	②	③	④
11	①	②	③	④
12	①	②	③	④
13	①	②	③	④
14	①	②	③	④
15	①	②	③	④
16	①	②	③	④
17	①	②	③	④
18	①	②	③	④
19	①	②	③	④
20	①	②	③	④
21	①	②	③	④
22	①	②	③	④
23	①	②	③	④
24	①	②	③	④
25	①	②	③	④
26	①	②	③	④
27	①	②	③	④
28	①	②	③	④
29	①	②	③	④
30	①	②	③	④
31	①	②	③	④
32	①	②	③	④
33	①	②	③	④
34	①	②	③	④
35	①	②	③	④
36	①	②	③	④
37	①	②	③	④
38	①	②	③	④
39	①	②	③	④
40	①	②	③	④

41問～50問は２級のみ解答

41	①	②	③	④
42	①	②	③	④
43	①	②	③	④
44	①	②	③	④
45	①	②	③	④
46	①	②	③	④
47	①	②	③	④
48	①	②	③	④
49	①	②	③	④
50	①	②	③	④

K12516T 110kg

ハングル能力検定協会